Monika Monzel

Werbepsychologie für Job und Alltag

Wie Werbung funktioniert

POCKET BUSINESS

Verlagsredaktion: Ralf Boden
Technische Umsetzung: Holger Stoldt, Düsseldorf
Umschlaggestaltung: Ellen Meister, Berlin
Titelfoto: © gettyimages, Betsie Van der Meer

Informationen über Cornelsen Fachbücher und Zusatzangebote:
www.cornelsen.de/berufskompetenz

1. Auflage

© 2008 Cornelsen Verlag Scriptor GmbH & Co. KG, Berlin

Das Werk und seine Teile sind urheberrechtlich geschützt.
Jede Nutzung in anderen als den gesetzlich zugelassenen Fällen
bedarf der vorherigen schriftlichen Einwilligung des Verlages.
Hinweis zu § 52 a UrhG: Weder das Werk noch seine Teile dürfen
ohne eine solche Einwilligung eingescannt und in ein Netzwerk
eingestellt werden. Dies gilt auch für Intranets von Schulen und
sonstigen Bildungseinrichtungen.

Druck: Druckhaus Berlin-Mitte

ISBN 978-3-589-21931-5

 Inhalt gedruckt auf säurefreiem Papier
aus nachhaltiger Forstwirtschaft.

Vorwort

Wie Sie die Beeinflussungstechniken der Werbung erkennen und für sich nutzen

Oft werden die psychologischen Techniken der Werbung als „geheime Verführer" bezeichnet. Doch ist Werbung wirklich eine Geheimwaffe, die nichts ahnende Kunden zu unnötigen Käufen motiviert?

Das Bild vom unmündigen Verbraucher stimmt nicht. Der moderne Mensch ist kein willenloses Wesen. Jeder von uns kann sehr gut für sich entscheiden, was er wann wo kauft.
Der Erfolg wirksamer Werbung basiert nicht auf unfairer Manipulation oder besonderem Trickreichtum. Erfolgreiche Werbung zeichnet sich vielmehr dadurch aus, dass sie das Wesen der menschlichen Kommunikation und des menschlichen Handelns versteht und für sich nutzt.

Ziel des Buches ist es, Sie in die Geheimnisse der werblichen Kommunikation einzuführen. Die Mechanismen wirksamer Werbung lassen sich auf viele andere Kommunikationssituationen in Job und Alltag übertragen.
Das Buch richtet sich somit nicht ausschließlich an Werbefachleute, sondern an alle, die sich über die Grundlagen und Techniken zielgerichteter Kommunikation informieren möchten.
Wenn Sie erfahren wollen, wie Sie die Erkenntnisse der Werbepsychologie für Präsentationen, Seminare, Verkaufs- und Beratungsgespräche oder in Konfliktsituationen nutzen können, bietet Ihnen dieses Buch eine spannende Lektüre.

Viel Spaß beim „Verführen"!

Köln, im Frühjahr 2008 *Monika Monzel*

Inhalt

1 Werbung ist zielgerichtete Kommunikation **7**
Auf den Punkt gebracht *14*

2 Herausforderung „Information Overload" **15**
Auf den Punkt gebracht *20*

3 Die Bedeutung von Bildern, Tönen, Düften **21**
Auf den Punkt gebracht *25*
Magazinseite
Unterschwellige Reize in der Kommunikation 26

4 Biologische und psychologische Grundlagen der Werbung **28**
- Selektive Wahrnehmung 30
- Informationsverarbeitung (Deutung und Bewertung) 35
- Inneres Erleben 39
- Erinnern und Vergessen 40
- Lernen (Erwerb neuer Denk- und Handlungsmuster) 46

- Handlungsbereitschaft 51

M agazinseite
Moderne Gehirnforschung
und Neuromarketing 56

- Handeln (Kaufverhalten) 61

Auf den Punkt gebracht **64**

5 Strategien und Techniken der Werbung 66

- Basisstrategien der Werbung: Information versus Emotion 66
- Beeinflussungstechniken der Werbung . . 76

M agazinseite
„Sex in der Werbung" – Top oder Flop? 82

- Die Grenzen der Beeinflussbarkeit 97

M agazinseite
Die Macht der Emotionen 98

Auf den Punkt gebracht **100**

6 Werbepsychologie für Job und Alltag 102

- Werbepsychologie für Präsentationen . . . 103
- Werbepsychologie für Seminare und Schulungen. 110
- Werbepsychologie in Verkaufs- und Beratungsgesprächen 112

M agazinseite
Checkliste: Vorbereitung von
Verkaufsgesprächen 116

- Werbepsychologie in Konfliktsituationen . 121
- Allgemeine Empfehlungen 123

Auf den Punkt gebracht* *124

Literaturhinweise..................... 125

Nützliche Weblinks 125

Stichwortverzeichnis 126

1 Werbung ist zielgerichtete Kommunikation

Die Erkenntnisse der Werbepsychologie für die Kommunikation nutzen

Werbung ist eine ganz bestimmte Form der Kommunikation. Sie ist zielgerichtet, will überzeugen, motivieren, ein bestimmtes Handeln hervorrufen und letztlich zum Kauf führen. Eine Besonderheit der Werbung im Vergleich zu einem normalen Gespräch ist der nicht-persönliche Kontakt zwischen Sender und Empfänger.

Dennoch lassen sich die Regeln für erfolgreiche Werbung auf viele private und berufliche Kommunikationssituationen übertragen.

> Immer wenn es darum geht, eine Botschaft sicher zum Empfänger zu transportieren, können die Wirkmechanismen der Werbung helfen.

Dazu muss man zunächst verstehen, wie Kommunikation eigentlich funktioniert und welche Fallstricke der Kommunikationsprozess in sich birgt. Anhand des Grundmodells der menschlichen Kommunikation wird ersichtlich, wo genau diese Fallstricke liegen.

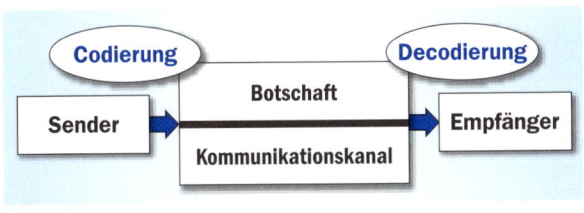

Grundmodell der Kommunikation

Kommunikation bedeutet: Ein Sender übermittelt eine Botschaft an einen Empfänger. Zu diesem Zweck verschlüsselt der Sender seine Botschaft verbal (als Wörter, Sätze) und auch nonverbal (z.B. in Form von Bildern oder Gesten) und sendet diese über einen geeigneten Kommunikationskanal (z.B. per E-Mail) an den Empfänger. Dieser muss die Botschaft wieder decodieren, um sie zu verstehen. Fehler im Decodierungsprozess kommen relativ häufig vor und können das Kommunikationsergebnis massiv beeinträchtigen. Alle Glieder der Kommunikationskette bestimmen den Erfolg:

Erfolgsfaktor „Sender"

Der Einfluss des Senders auf den Kommunikationserfolg ist hoch. Wer in den Augen des Empfängers etwas zu sagen hat, findet automatisch Gehör. Wer dagegen inkompetent wirkt oder als nicht relevant eingestuft wird, muss um die Aufmerksamkeit der Zuhörer kämpfen. Sie kennen dieses Phänomen aus den Medien: Die Presse klebt den „VIPs" förmlich an den Lippen. Jedes Statement aus dem Munde eines Prominenten wird gierig aufgesogen. So ist es auch im Job und im privaten Alltag – wer etwas hermacht, genießt in der Regel mehr Aufmerksamkeit. Die Bedeutung des Senders für den Empfänger wird bei der Gestaltung von Werbung immer in Betracht gezogen. Ist das Senderimage schwach oder schlecht, wird dieses zunächst durch gezielte Medienarbeit aufgepeppt, um dann eine relevante und interessant verpackte Werbebotschaft wirksam platzieren zu können.

Erfolgsfaktor „Botschaft"

Die Botschaft selbst ist der Dreh- und Angelpunkt erfolgreicher Kommunikation – auch in der Werbung. Eine für den Empfänger nicht relevante Botschaft wird schnell in den geistigen Papierkorb verbannt. So findet selbst eine äußerst witzige Werbung, die aber inhaltlich irrelevant ist, allenfalls Beachtung – die gewünschte Reaktion (der Kauf) bleibt jedoch aus. Niemand kauft alleine deshalb, weil ihm die Werbung so gut gefallen hat. Werbung, die verkauft, knüpft immer an relevante Kaufmotive der Zielgruppe an. Nach wie vor gilt: Der Köder muss dem Fisch schmecken, nicht dem Angler. Werbung, die verkauft, bietet dem Kunden immer einen guten Grund zum Handeln.

Erfolgsfaktor „Codierung"

Kommunikation funktioniert immer über Codes. Zur Verfügung stehen „verbale Codes" (Wörter, Sätze) und „nonverbale Codes" (dies ist alles Nicht-Sprachliche, also Bilder, Symbole, Farben, Gerüche, Gesten etc.). Nicht erfolgreiche Kommunikation basiert häufig auf einer suboptimalen Auswahl der Codes, wobei nicht alleine die Wortwahl, sondern viel häufiger die nonverbalen Kommunikationselemente entscheidend sind.
In der Kommunikation zählt wirklich jedes Detail. Wer z.B. als seriöser Geschäftspartner anerkannt werden will, sollte nicht nur auf seine Worte, sondern insbesondere auf seine impliziten Signale wie Kleidung, Frisur, Körpersprache etc. achten. Auch die äußeren Umstände spielen eine Rolle (z.B. ansprechende, saubere, angenehme Räumlichkeiten, Raumtemperatur, Dekoration, Lichtverhältnisse etc.).
Die Bedeutungen der verwendeten Codes können von Kulturkreis zu Kulturkreis, von sozialem Milieu zu sozialem Milieu und von Individuum zu Individuum variieren. Dies macht die Kommunikation oft so schwierig. Bei der Auswahl der Codes ist es deshalb wichtig, auf solche zurückzugreifen, die vom Sender und vom Empfänger gleich interpretiert werden. Oft klafft an diesem Punkt eine große Lücke. Auch in der Werbung. Zum Beispiel sind rote Rosen in unserem Kulturkreis allgemein ein Symbol für Romantik und Liebe, weshalb entsprechende Bildmotive gerne in der Werbung für Schaumwein, Pralinen, Hotels oder für romantische Musik verwendet werden. Doch gerade jüngere Zielgruppen empfinden diese Symbolik häufig als altmodisch

und assoziieren sie mit Kitsch. Erfolgreiche Werber bedienen sich deshalb immer solcher Codes, die in der Zielgruppe mit der gewünschten Bedeutung belegt sind. Auf diese Weise kommt es vor, dass beispielsweise eine Werbung mit der Headline *„Echt fett"* von der Zielgruppe „Jugendliche" sehr positiv aufgenommen wird, während sie bei älteren Menschen auf totale Ablehnung stößt. Für den Erfolg der Werbung ist dies letztlich irrelevant. Wichtig ist, dass der für die Zielgruppe optimale Code eingesetzt wird. Auch hier gilt: Die Werbung muss der Zielgruppe schmecken, nicht dem Werbeleiter!

Erfolgsfaktor „Kommunikationskanal"

Selbst eine optimal verschlüsselte Botschaft kann beim Empfänger nur ankommen, wenn ein geeigneter Kommunikationskanal zur Verfügung steht. Menschen, die keine Tageszeitung lesen, kann man nicht über eine Zeitungsanzeige erreichen. Potenzielle Kunden, die das Internet nicht oder nur sehr selten nutzen, sind wohl kaum über eine Website zu gewinnen. Die Verfügbarkeit geeigneter Kommunikationskanäle ist für den Kommunikationserfolg unverzichtbar.

In einer komfortablen Situation befindet sich jeder Sender, der auf bereits bestehende, bewährte Kommunikationskanäle zurückgreifen kann. Fehlt der Weg zum Empfänger, muss dieser erst mühsam aufgebaut werden. Kennen Sie die Redewendung, *„Einen guten Draht zu jemandem haben"*? Je besser der Draht zwischen Sender und Empfänger ist, desto leichter lassen sich zielgerichtete Botschaften übermitteln. Wenn Ihnen also an einer guten Kommunikation mit Ihren Kunden, Geschäftspartnern, Kollegen und Mitarbeitern gelegen ist, stellen Sie einen guten Draht her. „Gut" bedeutet in diesem Zusammenhang, dass der Kommunikationskanal nicht nur von Ihnen, sondern auch von den Empfängern als nützlich und sinnvoll empfunden wird. Ein guter Draht kann entweder informell, z.B. in Form regelmäßiger Treffen, oder offiziell, z.B. als interessanter Newsletter, aufgebaut werden. Je mehr nützliche Drähte Sie ziehen, desto reibungsloser funktioniert Ihr kommunikatives Netzwerk. Denken Sie immer daran: Ohne effektive Kommunikationskanäle kein Kommunikationserfolg!

Erfolgsfaktor „Empfänger"

Die Probleme, die bei der Entschlüsselung von Botschaften durch den Empfänger entstehen, wurden bereits in den Ausführungen zum Erfolgsfaktor „Codierung" beschrieben. Erfolgreiche Kommunikation setzt voraus, dass die verwendeten verbalen und nonverbalen Codes von den Adressaten problemlos entschlüsselt und im Sinne des Senders interpretiert werden können. Oft wählt der Sender die Codes ausschließlich aus seinem eigenen Erfahrungsbereich aus. So kommt es in der Werbepraxis nicht selten vor, dass Werbemotive vor allem den Werbeverantwortlichen gefallen müssen. Viel wichtiger wäre es jedoch, sich von persönlichen Geschmacksfragen zu lösen und die Qualität der kreativen Entwürfe ausschließlich mit den Augen der Zielgruppe zu betrachten. Einige Werbeagenturen richten sich zu diesem Zweck ihre Besprechungsräume im Wohnstil ihrer Zielgruppen ein. Im (nachgebauten) Wohnzimmer der Konsumenten lässt sich viel leichter entscheiden, wie die Spots, Anzeigen, Prospekte oder Werbebriefe bei der Klientel ankommen werden. Betrachten auch Sie die Welt durch die Brille Ihrer Kommunikationspartner, wenn Sie Ihre Kommunikationsziele ohne Probleme erreichen wollen.

> **Tipp für Ihre Kommunikation**
>
> Gerade vor schwierigen Kommunikationssituationen (z.B. vor Präsentationen, Verhandlungsgesprächen etc.) sollten Sie sich fragen, an welchen Punkten im Kommunikationsprozess Probleme entstehen könnten. Überlegen Sie sich zu jedem neuralgischen Punkt eine geeignete Problemlösung. So sind Sie bestens gerüstet.

Checkliste zur Vorbereitung schwieriger Kommunikationssituationen	
Erfolgs-faktor	Checkpunkte
1. Sender	Ist Ihnen klar, wie Sie von Ihrem Gegenüber als Sender bewertet werden? Was können Sie tun, um Ihr Image im Vorfeld der Kommunikation zu stärken / zu verbessern und sich dadurch in eine bessere Ausgangsposition zu bringen?
2. Botschaft	Ist Ihre Botschaft für den Empfänger wirklich relevant? Liefern Sie Ihrem Gegenüber einen guten Grund, in Ihrem Sinne zu handeln? Stellt Ihre Botschaft einen Bezug zu einem wichtigen Handlungsmotiv des Adressaten her? Wie sollten Sie Ihre Botschaft umformulieren, um mehr Relevanz zu erreichen?
3. Codierung	Ist Ihre Botschaft aus Sicht des Empfängers optimal (d.h. verständlich und glaubwürdig) verschlüsselt? ◆ Haben Sie sich die richtigen Worte (= verbale Codes) zurechtgelegt? ◆ Welche nonverbalen Codes unterstützen bzw. verstärken das Gesagte? (Können Sie Ihre Botschaft durch Bilder, Grafiken, Demomaterial visualisieren? Welche Farben sollten Sie dafür verwenden? Macht der Einsatz von Musik, Tönen, Duft- oder Geschmackserlebnissen Sinn? Achten Sie auch auf die Haptik alles Anfassbaren, z.B. von Broschüren. Geben Sie ferner Acht auf Ihren persönlichen Eindruck, insbesondere auf Ihre Kleidung, Frisur, Körpersprache, Mimik. Für den Kommunikationserfolg zählt wirklich jedes Detail!)

4. Kommunikationskanal	Steht ein geeigneter Kommunikationskanal zur Verfügung, der nicht nur von Ihnen, sondern auch von dem Empfänger genutzt bzw. als nützlich empfunden wird? Haben Sie überlegt, wie Sie einen noch besseren Draht zu dem Empfänger aufbauen können?
5. Empfänger	Wissen Sie, welche kultur-, milieu- oder altersspezifischen Codes der Empfänger selbst für seine Kommunikation verwendet? Können Sie diese Codes glaubhaft für Ihre Kommunikation einsetzen, ohne künstlich oder aufgesetzt zu wirken? (So zeigen etliche Beispiele aus dem Jugendmarketing, dass das Bemühen der Werber um eine „coole Jugendsprache" in den Augen der jüngeren Zielgruppe oft ungewollt komisch wirkt.) Wenn Sie bei der Verwendung Ihnen fremder, ungewohnter Sprache oder Symbolik nicht absolut authentisch sein können oder man Ihnen diese einfach nicht „abkauft", sollten Sie darauf verzichten und lieber allgemein verständliche, empfängerunspezifische Codes verwenden. Welche könnten das sein?

Auf den Punkt gebracht

- Die Erkenntnisse der Werbepsychologie lassen sich auch für die Optimierung der beruflichen oder der alltäglichen Kommunikation nutzen.

- Voraussetzung ist, dass Sie nachvollziehen, welche Erfolgsfaktoren zum Gelingen der Kommunikation beitragen, und die entsprechenden „Fallstricke" vermeiden.

- Sind Sie als „Sender" für Ihre Adressaten glaubwürdig und kompetent?

- Ist Ihre „Botschaft" für den Empfänger relevant und interessant?

- Verwenden Sie die richtigen „Codes" (verbale/nonverbale), um die Botschaft zu verschlüsseln? Sprechen Sie und Ihr Adressat die „gleiche Sprache"?

- Steht ein geeigneter „Kommunikationskanal" zur Verfügung? Haben Sie einen „guten Draht" zu Ihrem Adressaten?

- Werden die „Codes" vom Empfänger richtig verstanden, sodass er in Ihrem Sinne fühlt, denkt, handelt etc.?

2 Herausforderung „Information Overload"

Sich Gehör verschaffen in Zeiten der Reizüberflutung

TV, Zeitungen, Zeitschriften, Plakate, E-Mails, Internet, Post, Meetings, Memos, Fachinformationen, Smalltalks und vieles mehr bestimmen unseren Alltag. Täglich strömen unzählige Informationen auf uns ein, darunter auch geschätzte 3.000 Pro-Kopf-Werbebotschaften, die von über 50.000 Marken ausgesendet werden. Kein Verbraucher kann sich die Vielfalt der Produktnamen oder Werbeslogans merken, zumal der Gesamtwortschatz eines normalen Menschen bei 8.000 bis 10.000 Wörtern liegt. Wir befinden uns ganz klar in einer Situation des „Information Overload".

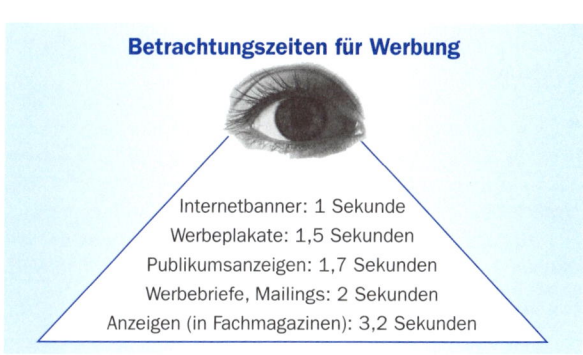

Die Aufmerksamkeitsspanne, die wir angesichts der Reizüberflutung auf die verschiedenen Werbemedien richten, ist extrem kurz

Von der wachsenden Reizüberflutung fühlen sich viele Menschen überfordert. Die Folge: Werbefrust und Informationsmüdigkeit machen sich breit. Es ist eine messbare Tatsache, dass Menschen Werbung heute nur noch flüchtig betrachten. Anzeigen in Publikumszeitschriften werden im Durchschnitt 1,7 Sekunden, Anzeigen in Fachmagazinen 3,2 Sekunden fixiert. Der erste Relevanzcheck bei einem Werbebrief beträgt etwa zwei Sekunden (nicht viel Zeit, den Leser für sich zu gewinnen). Großflächigen Plakaten schenkt ein normaler Passant etwa 1,5 Sekunden seiner Aufmerksamkeit. Internetbanner liegen mit durchschnittlich einer Sekunde Betrachtungsdauer noch weiter hinten.

Offensichtlich ist die Bereitschaft, sich mit Werbung (sowie mit allen anderen Formen einseitig gewollter Kommunikation) zu befassen, in unserer informationsüberfluteten Gesellschaft relativ gering ausgeprägt.

Man spricht in diesem Zusammenhang von einem „Low Involvement", was so viel bedeutet wie „geringes aktives Informationsinteresse". Marktforscher gehen davon aus, dass etwa 95 Prozent aller ausgesandten Werbebotschaften auf ein solches Low Involvement in der Zielgruppe treffen.

Das heißt im Umkehrschluss, dass sich die Empfänger von Werbung maximal fünf Prozent aller Werbebotschaften überhaupt noch aufmerksam zuwenden.

Diese Erkenntnis deckt sich mit den Ergebnissen der modernen Wahrnehmungsforschung, die besagen, dass jeder Mensch generell nur eine sehr kleine Menge an Informationen aus seinem Umfeld bewusst-kognitiv wahrnimmt. Ein Großteil der externen Informationen wird durch unser Gehirn automatisch-intuitiv verarbeitet. Der menschliche Geist ist eben auf Effizienz getrimmt!

> Nur höchst relevante Informationen haben eine Chance, in unser Bewusstsein vorzudringen.

Man bezeichnet dieses Phänomen auch als „Selektivität der menschlichen Wahrnehmung". Diese Selektivität wird von drei Faktoren bestimmt:

- ◆ erstens von der Art (Auffälligkeit, Neuartigkeit) des Reizes,

- zweitens von den Anforderungen der Situation sowie
- drittens von unseren persönlichen Interessen.

Alles, was extrem neu oder auffällig wirkt, für unsere momentane Situation besonders wichtig ist und/oder zu unserer persönlichen Interessenlage passt, dringt in unser Bewusstsein vor.

Für Informationen aller Art gibt es somit drei Wege ins menschliche Bewusstsein:

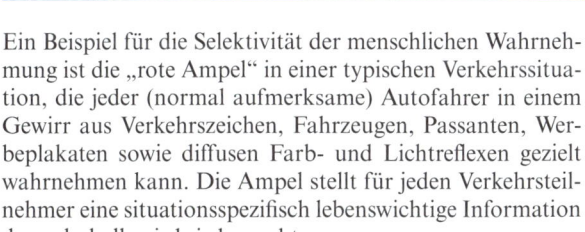

Wege ins menschliche Bewusstsein

Ein Beispiel für die Selektivität der menschlichen Wahrnehmung ist die „rote Ampel" in einer typischen Verkehrssituation, die jeder (normal aufmerksame) Autofahrer in einem Gewirr aus Verkehrszeichen, Fahrzeugen, Passanten, Werbeplakaten sowie diffusen Farb- und Lichtreflexen gezielt wahrnehmen kann. Die Ampel stellt für jeden Verkehrsteilnehmer eine situationsspezifisch lebenswichtige Information dar – deshalb wird sie bemerkt.

Bewusste Wahrnehmung ist aber keine notwendige Voraussetzung für menschliches Handeln. Im Gegenteil: Ein Großteil des menschlichen Handelns ist auf automatisch-intuitive Informationsverarbeitungsprozesse in unserem Gehirn zurückzuführen.

Jeder Mensch verfügt über ein komplexes Portfolio vorgefertigter Entscheidungs- und Handlungsmuster, die durch Er-

fahrung und Lernen gebildet werden und die in bestimmten Reizsituationen auch ohne intensive kognitive Beteiligung abgerufen werden können.
Man unterscheidet deshalb das bewusst-überlegte Handeln von dem automatisch-intuitiven Handeln des Menschen.

> Das automatisch-intuitive Handeln ist für die Werbung besonders relevant, da ja nur ein kleiner Teil der Werbebotschaften überhaupt ins menschliche Bewusstsein vordringt und hier eine intensive Beschäftigung mit der Botschaft stattfinden kann.

Unterbewusst motiviert sind zum Beispiel alle Produktkäufe, die der Käufer nicht logisch-rational begründen kann. So können Kunden luxuriöser Parfummarken häufig nicht exakt eindeutig formulieren, warum sie sich genau für diese Marke entschieden haben. Spontane Antworten auf die Frage nach den konkreten Kaufgründen sind in der Regel, *„Mir war danach"* bis hin zu *„Weiß ich nicht"*. Gibt man den Befragten etwas Zeit zum Nachdenken, wird der Kauf nachträglich rationalisiert und es werden entsprechende logische Kaufargumente geliefert, z.B.: *„Das Parfum war preislich reduziert."* Dies sind aber selten die wahren Kaufgründe.
Nicht nur bei Luxusgütern, sondern auch bei Produkten des täglichen Bedarfs geht man heute davon aus, dass unterbewusste Handlungsmotivationen eine große Rolle für den Kauf spielen. Genau hier stößt die klassische Marktforschung an ihre Grenzen, denn nicht-bewusste Kaufmotive können nicht einfach abgefragt werden.
Die künftige Herausforderung für die Werbung wird darin liegen, die unterbewussten Kaufmotivationen der Menschen zu ergründen. Zu diesem Zweck wird neben der Analyse allgemein gültiger Motivationsmodelle („Was motiviert den Menschen?", vgl. dazu auch Kapitel 4.6) die Beobachtung der unterschiedlichen Lebensstile und Wertorientierungen in unserer Gesellschaft (vgl. dazu u.a. das Modell der „Sinus-Milieus", www.sinus-milieus.de) immer bedeutsamer werden.

Wussten Sie, dass ein „Reptiliengehirn" unsere wahren Interessen lenkt?

Das menschliche Gehirn ist ein komplexes Gebilde, das sich in der Entwicklungsgeschichte des Menschen permanent weiterentwickelt hat. Das so genannte „limbische System" gilt als der älteste Gehirnbereich, in dem die menschlichen Urtriebe vermutet werden (deshalb wird es auch als Reptiliengehirn bezeichnet).

Alles, was den Menschen in seinem Innersten motiviert und was sein Überleben sichert (z.B. das Bedürfnis nach Sicherheit, nach Sexualität, nach Dominanz etc.), soll hier seit Anbeginn der Menschheit verankert sein. Unsere grundlegenden Interessen und Motive sind biologisch programmiert.

Demgegenüber entsteht das Wissen, was in bestimmten Alltagssituationen wichtig ist, im Laufe des Lebens durch Erfahrung und Lernen. An dem Erwerb neuen Wissens sind immer kognitive Prozesse beteiligt, die in einer ganz anderen Gehirnregion, dem so genannten Neokortex (Großhirnrinde), stattfinden. Er ist der Sitz der Intelligenz und fungiert auch als Vernunft gebender Berater, wenn sich das limbische System meldet.

Durch das Zusammenspiel der verschiedenen Gehirnbereiche ist der Mensch in der Lage, sein Verhalten zu kontrollieren und seinen tiefsten Wünschen auch einmal zu widerstehen.

Auf den Punkt gebracht

- In unserer Welt der Reizüberflutung werden nur fünf Prozent der auf uns einstürzenden Werbebotschaften überhaupt wahrgenommen.

- Damit eine Information in unser Bewusstsein dringt, muss sie neu und auffällig, in einer spezifischen Situation relevant oder für uns persönlich höchst interessant sein.

- Ein Großteil des menschlichen Verhaltens und Handelns geht nicht auf bewusst-rationale Entscheidungen zurück, sondern fußt auf spontanen, intuitiven Prozessen des limbischen Systems, der ältesten Gehirnregion, in der die menschlichen Urtriebe lokalisiert sind.

- Viele Eindrücke und Informationen werden zwar nicht bewusst verarbeitet, prägen aber dennoch unser Verhalten.

- Für die Werbeforschung ist es daher besonders interessant, die unterbewussten Kaufmotivationen der Menschen zu ergründen.

3 Die Bedeutung von Bildern, Tönen, Düften

Kommunikation umfasst immer mehr als Sprache

Im herkömmlichen Sinn wird Kommunikation oft mit Sprache gleichgesetzt. Doch Kommunikation ist viel mehr als der Austausch von Wörtern und Sätzen. Nonverbale Kommunikationselemente, wie visuelle Informationen, Töne, Gesten, ja sogar Duftstoffe, sind höchst effiziente Bedeutungsträger, da sie im Gegensatz zu Sprachinformationen automatisch-intuitiv, d.h. in kürzester Zeit, verarbeitet werden können.

Bedeutungsträger (= „Codes") in der Kommunikation		
1. Verbale Codes	◆ Wörter ◆ Sätze ◆ Slogans	◆ Headlines ◆ ...
2. Nonverbale Codes	◆ Bilder ◆ Szenen ◆ Symbole ◆ Farben ◆ Töne ◆ Gerüche	◆ Temperaturen ◆ Stoffe ◆ Schrift (als Bild) ◆ Formen und Größen ◆ ...

Wenn Menschen miteinander sprechen, vermittelt das gesprochene Wort nur einen kleinen Teil der Botschaft. Die Stimmlage, Gestik, Mimik und Körperhaltung des Senders, ja sogar seine Kleidung, seine Frisur, seine Accessoires vermitteln ebenfalls Bedeutungen. Diese werden von seinem

Gegenüber oft gar nicht bewusst wahrgenommen. Dennoch hinterlassen sie nicht selten einen nachhaltigen Eindruck.

So ist es auch in der Werbung: Nie zählt alleine der Text. Mindestens genauso wichtig ist das Design. Jedes kreative Detail (von der Farbauswahl über die verwendete Schrift bis hin zur Anordnung der verschiedenen Gestaltungselemente) kann die verbale Werbebotschaft stärken – oder vernichten. Ein unprofessionelles Gestaltungskonzept, nicht passende Bildmotive, eine altmodische Schrift, ein billiges Papier, ein schlechter Druck – all das lässt sich nicht mit einer Werbung für hochwertige Markenprodukte vereinbaren, selbst wenn dem Werbetexter eine brillante Produktbeschreibung gelungen ist.

Angesichts der Tatsache, dass ein Mensch maximal fünf Prozent der auf ihn einströmenden Informationen mit bewusster Aufmerksamkeit verarbeitet, wäre es vermessen zu glauben, dass Werbung mehr Aufmerksamkeit erfährt. Das Gegenteil ist der Fall. Werbung wird heute größtenteils flüchtig wahrgenommen. Eine intensive Beschäftigung mit der Werbebotschaft findet nur in wenigen Fällen statt – und in der Regel nur dann, wenn das Informationsinteresse der Zielgruppe bezogen auf das beworbene Produkt besonders stark ausgeprägt ist (z.B. kurz vor dem Kauf eines Produktes, das mit einem hohen Kaufrisiko verbunden ist, wie Autos, Computer, Kapitalanlagen etc.).

In allen anderen Fällen trifft die Werbung auf ein „Low Involvement", also auf ein geringes aktives Informationsinteresse der Zielgruppe. Man muss sich immer wieder bewusst machen, dass das menschliche Gehirn auf Effizienz programmiert ist. Intellektuelle Anstrengungen jedweder Art werden nach Möglichkeit vermieden. Die Verarbeitung von Sprache stellt eine besonders große intellektuelle Anstrengung dar, denn Text kann (anders als nonverbale Informationen) immer nur mit bewusster Aufmerksamkeit verarbeitet werden. Wen wundert es da, dass bei 95 Prozent aller Werbeanzeigen vom Text fast ausschließlich die Headline gelesen wird. Dieses Phänomen ist übrigens auch aus dem Pressebereich bekannt. Die Mehrzahl aller Tageszeitungsleser überfliegt lediglich die Schlagzeilen, weshalb der wichtigste Teil einer Zeitungsmeldung grundsätzlich in der Headline steht.

Schaut man sich die Informationsverarbeitungskapazität des menschlichen Gehirns in Abhängigkeit von der erforderlichen bewussten Aufmerksamkeit an, wird deutlich, warum besonders erfolgreiche Werbung stark durch nonverbale Codes (Bilder, Szenen, Musik etc.) geprägt ist.

Bewusst-kognitive Verarbeitung:
(insb. erforderlich bei Text, Sprache):
ca. 40 Bit/Sek.

Unterbewusst-intuitive Verarbeitung:
(insb. möglich bei nonverbalen Informationen, wie Bildern, Farben, Gerüchen, Tönen)

- über die Augen: ca. 10.000.000
- über die Haut: ca. 1.000.000
- über die Ohren: ca. 100.000
- über den Geruchssinn: ca. 100.000
- über den Geschmackssinn: ca. 1.000

Informationsverarbeitungskapazität des menschlichen Gehirns in Abhängigkeit von dem Grad der bewussten Aufmerksamkeit (gemessen in Bit pro Sekunde)

Bilder, Symbolik, Szenen aus dem Leben – all das versteht der Mensch auch ohne Worte.

> Die Verarbeitung eines Bildmotivs mittlerer Komplexität benötigt weniger als zwei Sekunden.

Diese Zeit reicht maximal für die (kognitiv-bewusste) Verarbeitung von acht Wörtern aus. *„Ein Bild sagt mehr als tausend Worte"* – dies ist schon lange das Motto aller erfolgreichen Werbestrategen.

Doch auch Text hat seine Berechtigung in der modernen Kommunikation. Denn Text vermittelt anders als Bilder Botschaften explizit und eindeutig. Er lässt weniger Spielraum für individuelle Interpretationen. Wenn es also darum geht, eine Botschaft klar und unmissverständlich zu transportieren, kommt man an Text kaum vorbei. Allerdings können Wörter und Sätze nur mit bewusster Aufmerksamkeit verstanden werden. Dies ist das größte Manko von Sprache.

Im Folgenden finden Sie eine Übersicht über die wichtigsten Vorteile der verbalen und der nonverbalen Codes:

Verbale oder nonverbale Codes in der Kommunikation – Was wirkt besser?	
Vorteile von Sprache / Text	◆ unterstützt logisch-analytisches Denken ◆ steuert bewusstes, rationales Verhalten ◆ ist unabhängig von individuellen Interpretationen ◆ wird sequenziell aufgenommen und ermöglicht deshalb den Aufbau von Argumentationsketten
Vorteile von Bildern und anderen nonverbalen Kommunikationselementen	◆ werden automatisch (unterbewusst-intuitiv) aufgenommen ◆ werden schnell aufgenommen ◆ werden ganzheitlich verarbeitet und leichter erinnert als Text ◆ geben die Realität oft besser wieder als Text ◆ können direkt Gefühle auslösen (da sie nicht erst in emotionale Bedeutungen übersetzt werden müssen wie Text)

Auf den Punkt gebracht

- Kommunikation umfasst immer mehr als nur Sprache.
- Das gesprochene Wort vermittelt nur einen Bruchteil der Information.
- Unterbewusst-intuitiv können wir eine wesentlich größere Informationsmenge verarbeiten als bewusst.
- Bilder werden ganzheitlich verarbeitet und können unmittelbare Emotionen auslösen.
- Texte vermitteln Botschaften eindeutiger.
- Die Werbewirkung hängt vom geschickten Zusammenspiel von Text und Bild (sowie anderen non-verbalen Reizen) ab.

Unterschwellige Reize in der Kommunikation

Die umstrittene Wirkung von Subliminals

Sehr strittig ist die Frage, ob Texte oder Bilder auch dann Bedeutungen übermitteln, wenn sie unterhalb der Wahrnehmungsschwelle des Menschen liegen. In der Werbung wird die Aussendung unterschwelliger Werbebotschaften als „Subliminal Advertising" bezeichnet.

Ein Beispiel sind extrem schnelle, nicht bewusst wahrnehmbare Texteinblendungen in einem TV- oder Kinofilm. Die Reize sind so schwach, dass sie selbst bei angestrengter Aufmerksamkeit vom Empfänger nicht entschlüsselt werden können. Ihre Wirksamkeit wird, gestützt auf aktuelle wahrnehmungspsychologische Erkenntnisse, von vielen Werbefachleuten stark bezweifelt.

Es gibt jedoch auch einige Fallstudien, die für die Wirkung von Subliminals sprechen. Angeblich stieg in den Fünfzigerjahren in einem New Yorker Kino der Konsum von Popcorn und Cola um über 50 Prozent durch unterschwellig präsentierte Einzelbilder mit der Aufforderung, Cola oder Popcorn zu kaufen. Jahrzehnte später soll der amerikanische Werbefachmann James Vicary in der Werbefachzeitschrift Advertising Age jedoch zugegeben haben, dass eine derartige Werbeaktion nie stattgefunden habe.

Trotz des „Fakes" sind einige Fachleute nicht von der generellen Unwirksamkeit unterschwelliger Werbung überzeugt. Deshalb werden immer wieder neue Tests mit subliminalen Reizen, insbesondere im Handel, durchgeführt. In einem Einkaufscenter in den USA soll durch in dezente Hintergrundmusik eingestreute, nicht bewusst wahrnehmbare Texte, *„Ich stehle nicht"* bzw. *„Ich bin ehrlich"*, nach einem halben Jahr die Diebstahlquote um 75 Prozent gesenkt worden sein.

Laut Expertenmeinungen hängt der Erfolg unterschwellig ausgesendeter Botschaften jedoch stark von der angewandten Technik ab. Subliminale akustische Botschaften können demnach nur etwas bewirken, wenn sie in bestimmten Frequenzbereichen übertragen werden, die zwar nicht bewusst gehört, aber dennoch wahrgenommen werden können. (Die biologischen Reizschwellen des Menschen sind medizinisch hinlänglich bekannt. Ein visueller Reiz muss zum Beispiel in einer Wellenlänge zwischen 760 und 400 Nanometer, ein akustischer Reiz in einer Wellenlänge zwischen 20 und 15.000 Hertz gesendet werden, um wahrnehmbar zu sein.)

Die Wirkung subliminaler Botschaften kann nicht nur von der Reizstärke, sondern auch von dem Erregungs- oder Entspannungszustand des Empfängers abhängen. Menschen im Entspannungszustand gelten als besonders aufnahmefähig für Subliminals. Dieser Erkenntnis bedienen sich zum Beispiel Trainingsinstitute, die im Schlaf Fremdsprachen lehren oder Menschen von ihrer Flugangst befreien. Dabei soll es wichtig sein, die unterschwelligen Botschaften positiv zu formulieren, da diese vom menschlichen Gehirn bereitwilliger aufgenommen werden.

Trotz der hier angeführten Beispiele gibt es keine auf breiter Basis fundierten wissenschaftlichen Erkenntnisse, die für eine generelle Wirksamkeit subliminaler Werbung sprechen. Die erfolgversprechendsten Tests gibt es momentan im Bereich der Geruchswahrnehmung. Als erwiesen gilt es, dass bestimmte Gerüche unterbewusst verkaufsfördernd wirken (z.B. Zitrusduft). Der Beduftung von Laden- oder Werbeflächen stehen jedoch immer mehr Verbraucher (und Verbraucherschützer) kritisch gegenüber, da das Allergierisiko durch den Einsatz künstlicher Aromen in geschlossenen Räumen steigt.

4 Biologische und psychologische Grundlagen der Werbung

Werbung wirkt vorwiegend unterbewusst

Die meisten (erwachsenen) Menschen unserer Gesellschaft sind werbeerfahren und erkennen die Intention der klassischen Werbeformen, wie Anzeigen, TV-Spots und Werbebriefe, schnell. Warum entfaltet Werbung (trotz steigender Werbeflut und wachsendem Werbefrust) dennoch immer wieder eine so große Wirkung?

Die Gründe hierfür liegen in unserem Innersten verborgen.

> Verantwortlich für die Wirkung von Werbung sind jene unterbewussten Informationsverarbeitungsprozesse, die unmittelbar nach dem Kontakt mit einer Werbebotschaft im menschlichen Gehirn ablaufen.

Um die Wirkmechanismen der Werbung zu verstehen, muss man einen Blick in das menschliche Gehirn, dieses Wunderwerk der Natur, wagen. Angesichts seiner Komplexität wäre es vermessen zu behaupten, die in der „Blackbox" (dies ist eine andere, in der Werbepsychologie häufig verwendete Bezeichnung für das Gehirn) ablaufenden Mechanismen seien vollumfänglich bekannt.

Wunderwerk Gehirn

Das Gehirn des Menschen besteht aus etwa zehn Milliarden Nervenzellen. Jede Nervenzelle hat bis zu 10.000 Verbindungen zu anderen Nervenzellen. Das menschliche Gehirn gilt als das komplexeste bekannte Objekt im Universum.

Die wissenschaftlichen Forschungen rund um das menschliche Gehirn haben in den letzten Jahren jedoch starke Fortschritte gemacht, sodass die im Folgenden vorgestellten Erkenntnisse als wissenschaftlich fundiert gelten.

Der Weg der Werbung durch unser Gehirn

Damit Werbung wirkt, muss der Empfänger die Botschaft zunächst über seine Wahrnehmungsorgane aufnehmen. Informationsverarbeitungsprozesse, wie die Deutung und Bewertung der werblichen Informationen, sowie die Speicherung im Gedächtnis müssen sich anschließen. Voraussetzung für eine (Kauf-)Handlung ist des Weiteren die Mobilisierung bestimmter Körperfunktionen, z.B. der Motorik, als Grundvoraussetzung für den Griff ins Produktregal.
Der durch eine Werbung ausgelöste Kauf wird somit über mehrere Wirkungsstufen erreicht, von denen jede einzelne zur Erreichung des Werbeziels relevant ist. Erfolgreiche Werbung arbeitet stets effektiv auf sämtlichen Stufen des Werbewirkungsprozesses. Dies unterscheidet sie von vielen weniger effizienten Werbekonzepten, die sich oft einseitig auf die Erzielung von Aufmerksamkeit („Eye Catching" als oberstes Werbeziel) konzentrieren. Für jede Stufe des Werbewirkungsprozesses gibt es spezifische Beeinflussungstechniken, die in Kapitel 5 näher erläutert werden.

Biologische und psychologische Grundlagen der Werbewirkung

Kaufakte, die durch Werbung stimuliert werden, basieren auf den gleichen biologischen und psychologischen Prozessen, die für viele andere Formen des menschlichen Denkens und Handelns grundlegend sind. Wie nimmt ein Mensch Informationen aus seiner Umwelt überhaupt wahr? Wie verarbeitet er diese im Gehirn weiter und unter welchen Voraussetzungen speichert er sie? Was ist die Ursache für Vergessen und welche Rolle spielen Lernprozesse für sein Handeln?

Die Erforschung der menschlichen Wahrnehmungs-, Denk- und Handlungsmechanismen ist gleichzeitig der Schlüssel zur Erklärung der Wirkung von Werbung. Nachfolgend sind die wichtigsten Erkenntnisse zusammengefasst.

4.1 Selektive Wahrnehmung

Jeder Mensch nimmt Informationen aus seiner Umwelt, so auch Werbung, zunächst unbewusst über seine Sinnesorgane (Augen, Ohren, Nase, Haut, Tast- und Geschmackssinn) auf. Die Reize werden in Sinnesempfindungen übersetzt und erst nach einem inneren Selektionsprozess, der über die Relevanz der Empfindungen entscheidet, weiterverarbeitet.

Reize, die so schwach sind, dass sie unterhalb der menschlichen Empfindungsschwelle liegen, durchlaufen diesen Selektionsprozess nicht. Sie „verpuffen" wirkungslos (siehe auch oben die Magazinseiten über „Unterschwellige Kommunikation"). Alle anderen Reize gelangen automatisch in einen Bewusstseinsfilter, in dem sich entscheidet, ob die Informationen in unser bewusstes Denken und Erleben vordringen.

Aus der Informationsflut, der jeder ausgesetzt ist, kann das menschliche Gehirn nur einen kleinen Teil bewusst aufnehmen, weiterverarbeiten und speichern. Diese wichtige Filterfunktion schützt den Menschen vor dem totalen Information Overload. Sie sorgt dafür, dass die tägliche Reizflut in jeder Lebenssituation auf wenige relevante Informationen reduziert wird. Dies ist höchst effizient. Denn auf diese Weise wird unsere bewusste Aufmerksamkeit situationsadäquat ausschließlich auf die für uns (lebens-)wichtigen Informationen gelenkt.

Dies bedeutet aber auch, dass unser Bewusstsein nie ein genaues Abbild der Realität, sondern nur einen kleinen Ausschnitt derselben liefert. Was den Filter der bewussten Wahrnehmung passiert, ist nicht nur von der jeweiligen Situation abhängig, sondern wird auch von unseren persönlichen Bedürfnissen, Interessen, Wünschen und auch Ängsten beeinflusst. Diese sind von Mensch zu Mensch verschieden, weshalb identische Informationen in gleichen Situationen von unterschiedlichen Menschen uneinheitlich wahrgenommen werden können. So kommt es vor, dass dem jugendlichen Sportwagenfahrer an der roten Ampel zuerst die hübsche Blondine auf dem Gehweg auffällt, während dem reisefreudigen Pensionär im Auto hinter ihm dagegen das Plakat für eine Schiffsreise ins Auge sticht (dieses spricht einen lang gehegten Wunsch von ihm an).

Es gibt auch Informationen, die unsere Aufmerksamkeit unabhängig von der Situation oder unseren Wünschen bzw. Ängsten auf sich ziehen. Dies sind sensorisch „aufdringliche" Reize, wie laute Töne oder grelle Farben. Starke Reize ziehen grundsätzlich mehr Aufmerksamkeit auf sich als schwache Reize. Die Stärke eines Reizes beurteilt der Mensch stets in Relation zum Reizumfeld. Ein Reiz gilt bereits als stark, wenn er sich von seinem Umfeld deutlich abhebt.

Auch Ungewöhnliches oder Neuartiges kann die Bewusstseinsfilter leichter passieren. Die menschliche Wahrnehmung ist von Erfahrungen und Erwartungen geprägt. Reizmuster, die der Mensch bereits kennt und als irrelevant eingestuft hat, aktivieren nicht (mehr). Alles Ungewohnte, das ins Auge sticht, führt hingegen zu einer automatischen Orientierungsreaktion. *„Was ist das? Hat es Bedeutung für mich?"*, fragt sich der Betrachter und wendet sich der ungewöhnlichen Information zu.

Die Erkenntnisse über die Wirkung sehr starker oder ungewöhnlicher Reize nutzt die Werbung regelmäßig für sich. Eine Werbung kann allein durch den Einsatz physischer Aufmerksamkeitsverstärker (z.B. grelle Neon-Farben, große Abbildungen, lautstarke Musik etc.) Aufmerksamkeit auf sich ziehen – auch dann, wenn die Botschaft für die Zielgruppe eigentlich irrelevant ist.

Allerdings wird stark aktivierende, aber inhaltlich nicht relevante Werbung schnell wieder vergessen. Die für das gewünschte Verhalten notwendige Weiterverarbeitung der Informationen (Bewertung, Ausweitung der Informationssuche, Aufsuchen der Einkaufsstätte etc.) findet hier nicht in vollem Umfang statt.

> **Tipp für Ihre Kommunikation**
>
> Wenn Sie möchten, dass Ihre Botschaft bewusst(er) wahrgenommen wird, muss sie für den Empfänger entweder situationsspezifisch oder persönlichkeitsbedingt sehr relevant sein oder aber sensorisch sehr auffällig oder ungewöhnlich inszeniert werden.

Bewusste Wahrnehmung ist die Voraussetzung für eine kognitive Auseinandersetzung mit Informationen, z.B. für das rationale Abwägen von Argumenten. Trotz der großen Bedeutung der bewussten Wahrnehmung für das überlegte Handeln geht man heute davon aus, dass auch beiläufig wahrgenommene Informationen eine gewisse Handlungsrelevanz besitzen. Der Grund: Flüchtig aufgenommene Informationen hinterlassen „Spuren im Gehirn".

Dies konnte in verschiedenen Tests mit so genannten Magnet-Resonanz-Tomografie-Scans (siehe auch im Folgenden die Magazinseiten „Moderne Gehirnforschung und Neuromarketing") bereits nachgewiesen werden. So scannten Wissenschaftler des University College London im Rahmen eines Experiments die Gehirnaktivität von Probanden, denen zwei Objekte sehr schnell hintereinander an einem Computerbildschirm gezeigt wurden. Die Probanden wurden nachher befragt, welche Bilder sie erkannt hätten. Alle gaben an, nur das zweite gesehen zu haben. Die Gehirnscans unterschieden jedoch die Muster der Gehirnaktivität bei beiden Bildern deutlich.

Für die Werbung sind diese unterbewussten Informationsspuren deshalb interessant, weil man davon ausgeht, dass sie bei erneutem Werbekontakt die bewusste Aufmerksamkeit für die Werbung verstärken. Der Mensch neigt zur Komplettierung diffuser Eindrücke, wenn der entsprechende Reiz wiederholt dargeboten wird.

> **Tipp für Ihre Kommunikation**
>
> Auch wenn Sie es beim ersten Versuch nicht gleich schaffen, die bewusste Aufmerksamkeit Ihrer Zielgruppe zu gewinnen, kann eine wiederholte Aussendung Ihrer Botschaft schrittweise zum Erfolg führen. (Ganz nach dem Motto: *„Steter Tropfen höhlt den Kunden!"*)

Unsere Wahrnehmung wird durch die Einfachheit einer Information wesentlich erleichtert. Einer der häufigsten Gründe für den vorzeitigen Kontaktabbruch mit Werbung liegt in der Überfrachtung von Anzeigen, Broschüren, Werbebriefen etc. Insbesondere bei einem geringen aktiven Informationsinteresse der Zielgruppe („Low Involvement", vgl. dazu auch Kap. 2.) dringen nur die Informationen durch, die schnell zu erfassen und ohne große intellektuelle Anstrengung zu entschlüsseln sind.

Diese Voraussetzungen erfüllen ganz besonders Bildinformationen. Bilder werden ganzheitlich wahrgenommen und müssen nicht wie Text sequenziell verarbeitet werden. Dies spart Zeit. Bilder werden im Gehirn räumlich organisiert, was zu einer besseren Unterscheidbarkeit von anderen Informationen sowie zu einer gewissen Resistenz gegenüber Informationsüberlagerungen führt. Bilder haben zudem einen höheren Erlebniswert und können direkt an wichtige emotionale Bedürfnisse des Menschen anknüpfen, ihn somit stärker aktivieren als Textinformationen, die erst in emotionale Bedeutungen übersetzt werden müssen, um erlebbar zu sein.

> **Tipp für Ihre Kommunikation**
>
> „Keep it simple and stupid!" Dies ist die „KISS-Formel" für erfolgreiche Kommunikation. Sie ist besonders dann anzuwenden, wenn Ihre Zielgruppe wenig interessiert ist.
>
> Übermitteln Sie Ihre Botschaft in einfacher Sprache, leicht verständlich, gut strukturiert und möglichst bildhaft.

> Appellieren Sie an die innersten, emotionalen Handlungsmotivationen Ihres Gegenübers, wenn Sie mit logisch-rationalen Argumenten nicht weiterkommen.

Relevanz für die Werbepraxis

Jahrzehntelang war die Selektivität der (bewussten) Wahrnehmung für die Werbung eine der größten Herausforderungen. Viele Werbekampagnen setzen heute noch primär auf so genannte „Eye-", „Ear-" oder „Mind-Catcher". Die Erregung von Aufmerksamkeit ist hier das oberste Werbeziel.

Dabei geht es vor allem darum, das richtige Maß an Aktivierungsstärke zu finden. Eine zu hohe Aktivierung kann von der eigentlichen Werbebotschaft ablenken und zu einer ungewollt kritischen Auseinandersetzung mit der Werbung führen (z.B. bewusstes Hinterfragen der aufgeführten Produktvorteile, gezielte Suche nach Gegenargumenten etc.). Bei einer zu schwachen Aktivierung bleibt die Werbung unbeachtet, es findet keine kognitive Auseinandersetzung mit der Werbebotschaft statt.

Nach neuesten Erkenntnissen der Gehirnforschung ist dies aber gar nicht so schlimm, denn man hat erkannt, dass auch beiläufig wahrgenommene Informationen menschliches Handeln beeinflussen können. Die Bedeutung der bewussten Wahrnehmung für den Werbeerfolg kann somit heute etwas entspannter gesehen werden.

Einige Werbeexperten sind sogar der Meinung, dass trotz steigender Informationsflut eine zu starke Aktivierung für den Werbeerfolg riskanter sein kann als eine (zu) schwache Aktivierung. In manchen Situationen wird sogar versucht, die bewusste Verarbeitung von Werbung gezielt zu umgehen.

Ein Beispiel ist die Bewerbung von Produkten, die einen direkten Wettbewerbsvergleich scheuen oder die kein Mensch wirklich braucht. Eine zu intensive intellektuelle Auseinandersetzung mit dem beworbenen Produkt könnte hier den

Verkaufserfolg gefährden. Die Werbung versucht in solchen Situationen, vor allem auf intuitiv-emotionaler Ebene zu arbeiten, indem sie über emotionale Produktinszenierungen an die innersten, unterbewussten Handlungsmotivationen des Menschen anknüpft.

4.2 Informationsverarbeitung (Deutung und Bewertung)

Die Informationen, die wir (bewusst oder auch nur beiläufig) wahrnehmen, dringen in unser Gehirn und werden hier weiterverarbeitet, d.h. gedeutet, bewertet und in Abhängigkeit von ihrer Bedeutung gegebenenfalls auch längerfristig gespeichert. Die Prozesse der Informationsdeutung und -bewertung werden im Folgenden behandelt, mit der Informationsspeicherung beschäftigt sich der Punkt 4.4.

Deutung von Informationen

Auf der Basis von Erfahrungen bildet jeder Mensch im Laufe seines Lebens ein umfassendes Portfolio an Denk-, Entscheidungs- und Handlungsmustern, die bestimmten Gruppen von Reizen zugeordnet sind und die blitzschnell abgerufen werden können. Alle neu eingehenden Informationen werden zunächst mit diesen vorhandenen Mustern (Schemata) abgeglichen. Dieser Abgleich spart Zeit und kommt unserem auf Effizienz programmierten Gehirn sehr entgegen.

Gehirnforscher gehen davon aus, dass die Gehirnregion, die für diesen Abgleich zuständig ist, im Zwischenhirn, genauer im Thalamus, liegt. Der Thalamus ist dafür zuständig, neu eingehenden Reizen Bedeutungen zuzuweisen. Die Schemata, die zur Deutung der Informationen herangezogen werden, sind in unserem Großhirn abgelegt. Die Deutung selbst erfolgt automatisch und ist vergleichbar mit der Funktionalität eines „Autopiloten" (vgl. C. Schreier/D. Held, 2007).

Diese spontane Zuweisung von Bedeutung ist für uns alle lebenswichtig, denn kein Mensch kann sämtliche zu ihm durchdringenden Informationen ständig neu durchdenken. Stellen Sie sich vor, Sie wären ein Flugkapitän und müssten alle notwendigen Entscheidungen, die für einen sicheren Flug maßgeblich sind, täglich aufs Neue alleine treffen. Wäre es nicht viel einfacher, die Routinearbeit einem programmierten Computer zu überlassen, um sich voll und ganz auf alles Unvorhergesehene konzentrieren zu können? Wie ein modernes Flugzeug, so verfügen auch wir über einen solchen automatischen Piloten für Routinearbeiten sowie über einen bewusst denkenden und handelnden Piloten für alles Neue, das unsere volle Aufmerksamkeit erfordert. Der Pilot ist unverzichtbar, da unsere Welt von Unwägbarkeiten geprägt ist. Aber auch ohne den programmierten Hilfspiloten geht es nicht, denn sonst wären wir von der täglichen Informationsflut völlig überfordert. Die im Laufe unseres Lebens gebildeten Denk- und Handlungsschemata sind vergleichbar mit den Programmen dieses Hilfspiloten. Für jede bereits bekannte Situation gibt es ein funktionierendes Denk- und Handlungsschema.

Sämtliche verfügbaren Schemata haben wir zu irgendeiner Zeit in unserem Leben einmal bewusst gelernt. Sie beschleunigen die Bewältigung unserer täglichen Aufgaben und vereinfachen auch einen Großteil unserer Kaufentscheidungen. Wenn Sie z.B. ohne zu überlegen immer das gleiche Mineralwasser kaufen, ist Ihr automatischer Pilot verantwortlich. Irgendwann haben Sie gelernt, dass genau dieses Produkt für Sie optimal ist. Dieses Entscheidungsmuster haben Sie gespeichert und rufen es nun immer wieder ab – so lange, bis es durch ein neues Muster ersetzt bzw. überlagert wird.

> Ein großer Teil der modernen Werbung entfaltet seine Wirkung über die gezielte Aktivierung bereits vorhandener Denk- und Handlungsschemata.

So gehen fast alle konsumerfahrenen Menschen intuitiv davon aus, dass in Hochglanzverpackungen auch immer hochwertige Produkte stecken. Deshalb greifen wir wie von selbst nach der hochwertigsten Verpackung, wenn uns an der besten Qualität gelegen ist. Gleichzeitig zahlen wir natürlich auch bereitwillig einen höheren Preis – ohne gezielt zu analysieren, was eigentlich genau in der Verpackung steckt.

Bewertung von Informationen

Nach der Deutung der eingehenden Informationen durch den beschriebenen Schemataabgleich folgt ein emotionaler Bewertungsprozess: *Was ist von der Information nun zu halten? Ist sie für mich persönlich wichtig?* Der subjektive Wert einer Information hängt dabei nicht nur von ihrem Inhalt ab, sondern auch vom Sender und von der Art der Informationsdarbietung. Ein positiv bewerteter Sender übermittelt aus Sicht des Empfängers generell wertvollere Informationen als ein negativ belegter Sender.

Auch formale Aspekte spielen eine Rolle. So kann die häufige Wiederholung einer Information schon allein dafür sorgen, dass diese als besonders bedeutsam erachtet wird. Man nennt diesen Effekt „Agenda Setting": Ein Thema (z.B. ein neues Produkt) wird allein über die häufige Präsenz in den Medien interessant und im Gehirn als relevant abgespeichert.

Auch persönliche Einstellungen spielen für die Bewertung von Informationen eine große Rolle. Diese vorgefertigten, auf früheren Bewertungsprozessen basierenden Bewertungsschemata verleiten uns zwar manchmal zu vorschnellen Schlüssen, in der Regel vereinfachen sie aber unser Denken und beschleunigen die weitere Informationsverarbeitung.

Umfeldeinflüsse

Alle Deutungs- und Bewertungsschemata, über die ein Mensch verfügt und über die er Informationen verarbeitet, werden auf Basis von Erfahrungen gebildet. Diese unterliegen kultur-, milieu- und auch altersspezifischen Einflüssen.

Die zur Informationsverarbeitung wichtigen Deutungs- und Bewertungsschemata können sich somit von Kultur zu Kultur, von Gesellschaft zu Gesellschaft, von Zielgruppe zu Zielgruppe und von Individuum zu Individuum stark unterscheiden. Das erklärt, warum ein und dieselbe Werbemaßnahme in einem Zielgruppensegment sehr gute, in dem anderen Segment jedoch nur unbefriedigende Ergebnisse erzielt. Die Werbebranche reagiert auf dieses Phänomen mit sog. „differenzierter Werbung", die sich dadurch auszeichnet, dass nicht mehr mit einem einzigen Werbemotiv für alle (= Massenkommunikation), sondern mit unterschiedlichen Werbemotiven für unterschiedliche Zielgruppensegmente (= segmentspezifische Kommunikation) geworben wird.

Relevanz für die Werbepraxis

Die Tatsache, dass Menschen externe Informationen – so auch Werbung – mithilfe von Denk- und Handlungsschemata verarbeiten, liefert der Werbung zwei wichtige Angriffspunkte:

1. Es wird versucht, an vorhandene Schemata anzuknüpfen, um automatische Denk- und Handlungsprozesse zu aktivieren.
2. Es wird versucht, die vorhandenen (für die eigenen Zwecke ungünstigen) Schemata zu verändern, was in der Regel wesentlicher aufwändiger und schwieriger ist und einen aktiven Lernprozess der Zielpersonen voraussetzt.

Tipp für Ihre Kommunikation

Überlegen Sie, an welche bereits bestehenden Denk- und Handlungsmuster Ihrer Zielgruppe Sie anknüpfen können, um Ihr Kommunikationsziel zu erreichen. Dies ist immer der schnellste Weg! Welche für Ihre Zwecke ungünstigen Schemata müssen Sie verändern, um Ihre Botschaft zu platzieren, und wie könnte Ihnen das gelingen? (Siehe auch die Ausführungen zu „Lernen" unter Punkt 4.5)

4.3 Inneres Erleben

Jeder Mensch ist aufgrund seiner genetischen Programmierung in der Lage, Gesehenes oder Gehörtes nachzuempfinden. Man muss gar nicht selbst Teil des Geschehens sein, um etwas zu erleben. Es reicht schon aus, wenn man sich in die gezeigte oder beschriebene Situation bzw. in ihre Protagonisten hineinversetzen kann. Großartige Kinofilme oder Romane von Weltruhm schaffen es immer wieder, ihr Publikum zu Tränen zu rühren oder zum Lachen zu bringen.
Auch gut gemachte Werbung kann starke Emotionen in uns hervorrufen und uns neue „innere Erlebnisse" verschaffen. Insbesondere Geschichten oder Szenen aus unserem eigenen Erfahrungsbereich sowie menschliche Schicksale, mit denen wir uns identifizieren können, bewegen uns. Je mehr Identifikationspunkte uns die Werbung liefert und je besser die dargestellte Szenerie nachempfindbar ist, desto stärker ist ihr emotionaler Gehalt. So liefert uns ein (lebendiger) TV-Spot, in dem Menschen, mit denen wir uns identifizieren können, etwas Schönes widerfährt, mehr positive Erlebnisse als eine (statische) Anzeige, die ein lächelndes Model zeigt, das uns nicht einmal besonders ähnlich ist.

Relevanz für die Werbepraxis

Emotionen gelten als Grundvoraussetzung für jedes menschliche Verhalten. Was keinen emotionalen Wert hat, kann nicht mobilisieren. Die Psychologie geht heute davon aus, dass auch rationale Informationsverarbeitungsprozesse, wie das (scheinbar) objektive Abwägen von logischen Argumenten, nie ohne emotionale Beteiligung ablaufen. In der Werbung spielen Emotionen deshalb eine wichtige Rolle. Nicht jedes kreative Konzept ist jedoch gleich gut geeignet, Emotionen hervorzurufen.

Es gibt eine Hierarchie der Bedeutungsträger, die sich hinsichtlich ihrer Fähigkeit, innere Erlebnisse zu vermitteln, unterscheiden:

Höchster Erlebniswert

(Nachempfindsame) Szenen/Storys

Menschen, die etwas Bestimmtes repräsentieren oder ausdrücken

Lebewesen mit Symbolfunktion (z.B. Rennpferd ⇨ Schnelligkeit)

Gegenstände mit Symbolfunktion (z.B. Messer ⇨ Schärfe)

Diffuses/nicht Gegenständliches (Farbe Blau ⇨ Kühle)

Geringster Erlebniswert

Hierarchie emotionaler Bedeutungsträger in der Kommunikation (Quelle: AdCoach Academy)

Tipp für Ihre Kommunikation

Die meisten Botschaften kann man nicht ausschließlich logisch-rational platzieren, sondern muss sie erlebbar machen, um etwas zu bewirken.

Verpacken Sie Ihre Botschaft zum Beispiel in eine emotional gehaltvolle, glaubwürdige Story, in die sich Ihr Gegenüber hineinversetzen kann. Oder berichten Sie von zufriedenen Referenzkunden, mit denen sich Ihre Zielgruppe identifizieren kann.

4.4 Erinnern und Vergessen

Die emotionale Stärke und Richtung einer Information beeinflusst maßgeblich die Art der Speicherung der Information im Gedächtnis. Es liegt in der menschlichen Natur, dass alle Informationen, die starke, positive Emotionen in uns hervorrufen, eher in unser Langzeitgedächtnis gelangen als schwache bzw. negativ belegte Reize.

Insgesamt besteht das menschliche Gedächtnis aus drei unterschiedlichen Speichern. Dies sind
- der sensorische Speicher,
- der Kurzzeitspeicher und
- der Langzeitspeicher.

Im sensorischen Speicher kann eine Vielzahl an Informationen für kurze Zeit (etwa ein bis zwei Sekunden) gespeichert werden. Hier findet unter anderem die Selektion der relevanten Informationen von den nicht relevanten Informationen statt (vgl. Kap. 4.1 „Selektive Wahrnehmung").

In den Kurzzeitspeicher gelangen nur wenige Informationen. Man geht von maximal sieben bis neun Informationseinheiten aus, wobei eine Einheit eine Ziffer, ein Wort oder ein Bildelement sein kann. Im Kurzzeitspeicher verbleiben die Informationseinheiten bis zu 30 Sekunden, bevor sie verloren gehen oder in den Langzeitspeicher übernommen werden. Die begrenzte Verarbeitungskapazität des Kurzzeitspeichers kann durch bestimmte Merktechniken erhöht werden, etwa durch die Verknüpfung der Informationseinheiten in einer Geschichte. Die so verbundenen Einzelinformationen werden von unserem Gedächtnis als eine einzige Informationseinheit behandelt, die leichter erinnert werden kann als die separaten Informationen.

Alle Informationen, die in den Langzeitspeicher gelangen, werden hier ähnlich netzwerkartig abgelegt, d.h., es werden Verknüpfungen zu bereits bestehenden Informationen gebildet. Die Kapazität des menschlichen Langzeitgedächtnisses gilt als unbegrenzt. Man geht davon aus, dass mehr Speicherkapazität vorhanden ist, als ein Mensch je benötigt.
Wie leicht die hier gespeicherten Informationen wieder abrufbar (d.h. erinnerbar) sind, hängt von verschiedenen Faktoren ab:
- von der Organisation der Informationen im Langzeitgedächtnis (Qualität der Netzwerkverbindungen)

- ◆ von der Codierung der Informationen
- ◆ von dem Bezug der Informationen zur eigenen Person
- ◆ von der Intensität der Informationsverarbeitung

Organisation der Informationen
Informationen, die ins Langzeitgedächtnis gelangen, werden hier nach verschiedenen Kriterien miteinander verknüpft. Starke Verknüpfungen werden vor allem zwischen den Informationen hergestellt, die in ihrer Bedeutung ähnlich sind, die räumlich oder zeitlich nahe beieinanderliegen oder die durch ähnliche Emotionen gekennzeichnet sind. Durch Aktivierung einer im Langzeitgedächtnis abgelegten Einzelinformation kann ein ganzes Bündel weiterer Informationen erinnert werden.

Codierung der Information
Auch die Codierung einer Information (beispielsweise als Bild oder Text) beeinflusst die Erinnerungsleistung.

> Grundsätzlich gilt: Bilder werden nachhaltiger erinnert als abstrakte Wörter.

Der Grund: Bildinformationen werden visuell (d.h. als Bild) und gleichzeitig verbal (d.h. als Bildbezeichnung) gespeichert. Man spricht in diesem Zusammenhang auch von „dualer Codierung". Abstrakte Textinformationen, die nicht mit einem inneren Bild verbunden werden können, werden dagegen ausschließlich im sprachlichen System (also in den für die Sprachverarbeitung zuständigen Gehirnbereichen) abgelegt. Das sprachliche System ist verantwortlich für das logisch-analytische Denken und steuert rationales Verhalten. Nonverbale Reize werden im nicht-sprachlichen System des Gehirns in einen inneren Bildcode übersetzt, der nicht nur optische, sondern auch „akustische Bilder" oder „Duftbilder" umfassen kann. Das nicht-sprachliche System dient in erster Linie dem emotional-intuitiven Erleben des Menschen. Bis vor Kurzem ging man von der so genannten Zwei-Hemisphären-Theorie aus, d.h., man vermutete die

Sprachverarbeitung in der linken und die emotionalen Aktivitäten in der rechten Gehirnhälfte.

Seit den neuesten Erkenntnissen aus der modernen Gehirnforschung weiß man aber, dass diese strikte Trennung nicht existiert. Beide Hirnhälften weisen emotionale und kognitive Strukturen auf. Unstrittig ist jedoch, dass Bildinformationen im Gehirn nicht nur als Bilder, sondern auch als Sprachcodes sowie bildhafte Texte nicht nur als Sprache, sondern auch visuell abgespeichert werden.

Allein abstrakte Texte, für die kein Bildcode verfügbar ist, werden ausschließlich sprachlich codiert und deshalb auch schwieriger erinnert als Bilder oder bildhafte Texte.

Machen Sie den Test!

Unter welchen Aussagen können Sie sich mehr vorstellen und welche können Sie sich am ehesten merken?

Bildhafte Sprache	**Abstrakte Sprache**
Die gelben Engel	*Die Sicherheit*
Stark wie ein Löwe	*Stärke und Kraft*

Bezug zur eigenen Person
Informationen, die einen starken Bezug zur eigenen Person haben, werden leichter erinnert als Informationen, die uns nicht betreffen. Dieses Phänomen wird auch als „Selbstreferenz-Effekt" bezeichnet. Machen Sie einmal den Test: Stellen Sie eine Liste von Persönlichkeitsmerkmalen zusammen und überlegen Sie, welche zu Ihnen passen und welche nicht. Wenn Sie nun die Liste wiedergeben wollen, werden Sie feststellen, dass Sie sich vor allem an die Merkmale erinnern, die auf Ihre eigene Person zutreffen.

Intensität der Informationsverarbeitung
Die Intensität der Informationsverarbeitung hat einen besonders starken Einfluss auf die Erinnerungsleistung. Infor-

mationen, die man aktiv gesucht oder selbstständig generiert hat oder über deren Bedeutung man intensiv nachgedacht hat, sind leichter erinnerbar als solche, die nur passiv konsumiert wurden. Für die Gedächtnisleistung ist ferner die Reihenfolge relevant, in der die Informationen aufgenommen wurden. Von einer längeren Informationskette werden grundsätzlich die zuerst und zuletzt verarbeiteten Informationen am einfachsten erinnert.

Das Phänomen des „Vergessens"

Vergessen beruht auf einer Überlagerung gespeicherter Informationen mit neuen Informationen. Man geht davon aus, dass die im Langzeitgedächtnis abgelegten Informationen niemals gelöscht, aber durch neue Erkenntnisse in den Hintergrund gedrängt werden können. Diese Überlagerung wird als „Interferenzeffekt" bezeichnet. Zu Interferenzeffekten kommt es insbesondere dann, wenn die neuen Informationen den alten sehr ähnlich sind. Auf die alten Informationen kann nicht mehr zugegriffen werden, weil die Netzwerkverknüpfungen zu diesen Informationen entweder von Anfang an schwach waren oder mit der Zeit schwach geworden sind. Hingegen können alte Informationen, die eine sehr starke Bedeutung innerhalb des Informationsnetzwerkes haben, die Aufnahme neuer Informationen behindern. Diesen Effekt nennt man „reproduktive Hemmung".

Relevanz für die Werbepraxis

Die moderne Werbung ist absolut bilddominiert. Lediglich die Bestrebungen, mehr Aufmerksamkeit durch Differenzierung zu erzielen, bringen hin und wieder reine Textwerbung hervor. Hier versucht man dann allerdings durch Textbilder (Beispiel: „Die gelben Engel") oder Analogien (Beispiel: „Stark wie ein Löwe") stabile Verknüpfungen zu bestehenden inneren Bildern zu schaffen und so das Erinnern zu erleichtern.

Sofern möglich, bemüht sich die Werbung auch um eine persönliche Zielgruppenansprache. Dies ist vor allem in der Direktwerbung der Fall.

Auch die aktive Beschäftigung der Zielgruppe mit der Werbebotschaft wird immer wieder forciert, z.B. über Gewinnspiele oder Mitmachaktionen, wie die Einsendung von Vorschlägen für neue Werbeslogans.

Das Phänomen des Vergessens bedeutet für die Werbung, dass vorhandenes Wissen immer wieder aufs Neue aktiviert werden muss, um nicht durch ähnliche Informationen überlagert zu werden. Deshalb ist wirksame Produktwerbung nie kurzfristig angelegt, sondern begegnet uns immer wieder aufs Neue, allerdings in stets aktueller Aufmachung, um Abnutzungseffekte zu verhindern.

Interferenzeffekte in Bezug auf die eigene Werbung werden dabei bewusst in Kauf genommen. Schließlich soll der Kunde das beworbene Produkt stets als modern empfinden. Interferenzeffekte mit Konkurrenzwerbung werden dagegen möglichst vermieden. Doch nicht immer gelingt dies.

Insbesondere in Special-Interest-Medien, in denen viele Produkte derselben Produktgattung mit austauschbaren Produkteigenschaften und ähnlichen Produktdesigns in unmittelbarer Nähe beworben werden, treten unerwünschte Überlagerungseffekte auf. Die am Anfang und am Ende platzierten Werbemotive haben die höchste Chance, erinnert zu werden, weshalb diese prominenten Werbeplätze so begehrt sind (und in der Regel auch entsprechend bezahlt werden müssen). Eine werbliche Alleinstellung oder ein sehr eigenständiges Gestaltungskonzept werden hier eingesetzt, um die unerwünschten Interferenzeffekte zu reduzieren.

Tipp für Ihre Kommunikation

Wenn Sie möchten, dass Ihre Botschaft langfristig erinnert wird, sollten Sie die vier Einflussfaktoren einer hohen Gedächtnisleistung berücksichtigen. Versuchen Sie

- ◆ an bestehendes Wissen anzuknüpfen,

- ◆ möglichst bildhaft zu sprechen,
- ◆ das Gesagte in einen direkten Bezug zu Ihrem Gesprächspartner zu setzen,
- ◆ Ihr Gegenüber aktiv einzubeziehen und ihn die richtigen Schlüsse selbst ziehen zu lassen.

4.5 Lernen (Erwerb neuer Denk- und Handlungsmuster)

Lernen ist ein Prozess, der auf Erfahrung basiert und bei dem Lernenden zu einer relativ stabilen Änderung seines Verhaltens führt. Durch Lernprozesse können neue Denk- und Handlungsmuster erworben sowie bereits bestehende Schemata verändert werden.
Unser Lernen bestimmt somit die Programmierung unseres „Autopiloten" (siehe Kap. 4.2).
Je nach Grad der erforderlichen kognitiven Beteiligung des Lernenden (Aufmerksamkeit, Bereitschaft zum Lernen, aktive Beteiligung am Lernprozess) unterscheidet man folgende Arten des Lernens:

Hohe kognitive Beteiligung des Lernenden

Lernen durch Einsicht

Lernen durch Beobachten

Lernen durch Konditionierung
– operante Konditionierung
– klassische Konditionierung

Geringe kognitive Beteiligung des Lernenden

Die unterschiedlichen Formen des Lernens

Lernen durch klassische Konditionierung

Das Prinzip der klassischen Konditionierung wurde von dem russischen Mediziner Iwan Pawlow im 19. Jahrhundert eher zufällig entdeckt. Den „Pawlow'schen Hund" kennt heute fast jedermann.

An ihm wurde folgender Lernversuch durchgeführt: Ein natürlicher Reiz (Hundefutter), der automatisch zu einer natürlichen Reaktion (Speichelfluss) führt, wurde mit einem neutralen Reiz (Glockenton) kombiniert. Dieser Reizkombination (beim Erklingen der Glocke bekam der Hund Futter) wurde der Hund wiederholt ausgesetzt. Nach einiger Zeit stellte sich die natürliche Reaktion (Speichelfluss) auch ohne den natürlichen Reiz, also allein aufgrund des neutralen Reizes (Glockenton), ein. Der neutrale Reiz wurde von dem Hund als Signal für eine baldige Futtergabe gelernt und somit zu einem konditionierten Reiz.

Relevanz für die Werbepraxis

Das Prinzip der klassischen Konditionierung wird in vielen Werbekampagnen angewendet. Ein natürlicher Reiz, z.B. eine schöne Urlaubsszene, die beim Betrachter automatisch zu Wohlbefinden führt, wird mit einem Produkt (= neutraler Reiz) kombiniert. Die häufige Wiederholung dieser Reizkombination führt dazu, dass irgendwann das Produkt allein die positiven Gefühle hervorruft.

Die Methode ist eine der simpelsten, aber auch kostspieligsten Varianten wirksamer Werbung. Sie birgt zudem eine Gefahr: Werbebotschaften, die mit starkem Werbedruck platziert werden, haben schnell einen hohen „Nervfaktor".

Reaktanz ist die mögliche Folge, das heißt, die genervte Zielgruppe wendet sich von der Werbung und von dem beworbenen Produkt bewusst ab.

Die richtige Dosierung der Werbewiederholungen ist somit entscheidend für den Erfolg der klassischen Konditionierung in der Werbung.

Lernen durch operante Konditionierung

Operantes Konditionieren arbeitet mit so genannten Verstärkern. Dies sind Belohnungen oder Bestrafungen, durch die das Verhalten des Lernenden in die gewünschte Richtung verändert werden kann. Ein positives, erwünschtes Verhalten wird durch Zuwendung, Zuspruch, Lob, Anerkennung etc. (Belohnung) verstärkt. Ein negatives, unerwünschtes Verhalten wird z.B. durch Kritik (Bestrafung) oder durch die bewusste Unterdrückung von Zuspruch (Wegnahme von Belohnung) gehemmt.

Nach Expertenmeinung wirken Verstärker aus der Gruppe der „Belohnung" (also z.B. Lob zur Steigerung erwünschten Verhaltens bzw. das Unterlassen von Zuspruch zur Reduzierung unerwünschten Verhaltens) immer nachhaltiger als Verstärker aus der Gruppe der Bestrafung. Man geht jedoch davon aus, dass weder Belohnungen noch Bestrafungen ein stark verinnerlichtes Verhalten komplett löschen können. Wenn man Verstärker einsetzt, muss man dies kontinuierlich tun, damit die Verhaltensänderung stabil bleibt.

Relevanz für die Werbepraxis

Belohnungsreize sind in der Werbung an der Tagesordnung. Es kann sich dabei um materielle Anreize (z.B. einen geldwerten Coupon) und/oder emotionale Vorteile (z.B. das Inaussichtstellen eines gesteigerten Wohlbefindens) handeln.

Wichtig für den nachhaltigen Erfolg der Werbung ist, dass der Kunde die Belohnung auch tatsächlich bekommt. Dies ist bei emotionalen Verstärkern nicht immer gewährleistet, denn niemand kann garantieren, dass sich die versprochenen positiven Gefühle auch tatsächlich bei jedermann einstellen.

Durch Nachkaufbestätigungen („*Herzlichen Glückwunsch. Sie haben ein hochwertiges Produkt gekauft …* ") können etwaige Frustrationen minimiert werden. Sie liefern dem Kunden nachträglich einige rationale Gründe für den Kauf, die bei ausbleibender emotionaler Belohnung seine Kaufentscheidung zumindest logisch rechtfertigen.

Lernen durch Beobachtung

Das Lernen durch Beobachtung beruht auf der Tendenz des Menschen, sich am Verhalten anderer Menschen zu orientieren. Ob die Beobachtung einen Lerneffekt nach sich zieht, ist zum einen vom Erfolg der beobachteten Handlung, zum anderen von der Attraktivität der Handlung sowie letztlich von der Relevanz und Attraktivität der handelnden Person abhängig.

Relevanz für die Werbepraxis

In der Werbepraxis wird das Prinzip des Beobachtungslernens relativ häufig eingesetzt. Bekannte Persönlichkeiten (so genannte Testimonials) haben in Werbespots und Anzeigen mittlerweile ihren festen Platz. Zwar belegen Umfrageergebnisse immer wieder, dass Prominente in der Werbung viele Menschen nicht (mehr) ansprechen. Letztlich gibt es aber etliche Beispiele für sehr erfolgreiche Testimonialkampagnen, in denen die Umsatzzahlen im Werbezeitraum in die Höhe schnellten.

Testimonials können, wenn sie gut ausgesucht werden, die Glaubwürdigkeit eines Produktes dramatisch steigern. Auch werden bestimmte Produkte durch den Testimonialeinsatz für die Zielgruppe überhaupt erst interessant (Beispiel: Paris Hilton bewirbt Sekt in Dosen – und macht dadurch ein eigentlich undenkbares Produkt in der Zielgruppe der jungen „party people" salonfähig).

Lernen durch Einsicht

Lernen durch Einsicht ist die Lernform mit der höchsten kognitiven Beteiligung des Lernenden. Sie setzt eine hohe bewusste Aufmerksamkeit, eine gewisse Lernbereitschaft sowie die intellektuelle Fähigkeit voraus, eigenständig neue Handlungsalternativen zu entwickeln.
Lernen durch Einsicht heißt, dass der Lernende neues Wissen mittels logischer Schlussfolgerungen erwirbt. So können

ganz neue Denk- und Handlungsschemata gebildet und bestehende Schemata dauerhaft verändert werden.

Der Lernprozess verläuft in sechs Phasen:
- Phase 1: Problematisierung
  Ein Problem taucht auf (wird thematisiert). Das Problem äußert sich in einer Diskrepanz zwischen Ist-Zustand und Soll-Zustand. Hierdurch entsteht innere Spannung, die zur Suche nach einer Lösung motiviert.
- Phase 2: Anwendung bestehender Lösungen
  Zunächst wird versucht, das Problem durch bewährte, existierende Handlungsstrategien zu lösen. Dem Nicht-Erfolg (Voraussetzung für das Lernen neuer Handlungsmuster) folgt zunächst eine Handlungspause.
- Phase 3: Kognitive Umstrukturierung
  Die Situation wird überdacht und neu strukturiert. Durch Ausprobieren verschiedener Handlungsalternativen, die aber nur im Geiste stattfinden …
- Phase 4: Plötzliche Einsicht und Lösung
  … kommt man schließlich zu einer praktikablen Lösung (Aha-Erlebnis).
- Phase 5: Anwendung
  Die erdachte Lösung wird nun ausprobiert und bei Erfolg als neues Handlungsmuster im Gedächtnis gespeichert.
- Phase 6: Übertragung
  Das neue Handlungsmuster wird nun auf ähnliche Situationen übertragen.

Relevanz für die Werbepraxis

Das Prinzip des Lernens durch Einsicht macht sich vor allem die auf kognitiver Ebene arbeitende, informative Werbung zu Nutze. Wenn zum Beispiel ein neues Produkt am Markt noch unbekannt ist und nicht automatisch als Kaufalternative zu bereits etablierten Produkten gesehen wird, setzt man gerne folgende Technik ein: Die Werbung wirft ein Kundenproblem auf und diskutiert alle in der Zielgruppe bekannten Lösungen kritisch. Das Produkt wird als neue Problemlösung vorgestellt und erlebbar gemacht (z.B. in Form einer Story oder Case Study), ohne dass der Kunde ein Kaufrisiko eingehen muss, um sich von den positiven Produkteigenschaften zu überzeugen. Der Kunde vollzieht die dargestellte Problemlösung (innerlich) nach und kommt zu der Überzeugung, dass das Produkt tatsächlich die bessere Alternative darstellt. Im Idealfall kauft er und lernt durch erfolgreiche Anwendung, dass das Produkt seine Probleme wirklich löst. Er speichert das Produkt als neue (bessere) Problemlösung ab.

> **Tipp für Ihre Kommunikation**
>
> Wenn Sie sich in einer schwierigen Kommunikationssituation befinden, über deren Thema Ihr Gegenüber ganz anders denkt als Sie, müssen Sie zunächst die Denkmuster Ihres Gesprächspartners verändern / erweitern, bevor Sie Ihr Anliegen durchsetzen können. Dies ist besonders in Konfliktsituationen wichtig, in denen Ihr Gesprächspartner auf seiner (eingefahrenen) Meinung beharrt.
>
> Schaffen Sie die Basis für eine schrittweise Annäherung, indem Sie Ihrem Gegenüber ganz neue Einsichten in die Sachlage verschaffen. Schildern Sie Ihre eigenen Erfahrungen (oder besser noch die Erfahrungen einer dritten, unabhängigen Person, die er schätzt; ⇨ Lernen am Modell) oder lassen Sie ihn selbst (z.B. in einem kleinen Experiment) seine eigenen Schlüsse ziehen (⇨ Lernen durch Einsicht). Jede Form von Kompromissbereitschaft, die er zeigt, sollten Sie verstärken (⇨ Lernen durch Belohnung). So erreichen Sie in kleinen Schritten Ihr Ziel.

4.6 Handlungsbereitschaft

Voraussetzung für unser Handeln (so auch für jeden Kauf) ist unsere Handlungsbereitschaft. Mit Ausnahme des Handelns im Affekt basiert unser Verhalten immer auf inneren Motivationen, auch wenn uns diese nicht in jeder Situation unseres Lebens bewusst sind.

Das Bild von dem durch Werbung ferngesteuerten Konsumenten, der wie in Trance ins Regal greift, um seinen Wagen mit unnötigen Produkten vollzuladen, ist stark verzerrt. Niemand kann alleine durch äußere Beeinflusser („Verführer") zum Handeln bewegt werden.

Was uns in unserem Innersten bewegt, sind unterbewusste Handlungsmotivationen, die zum Teil biologisch programmiert sind, zum Teil im Laufe unseres Lebens durch Erfahrung und Lernen gebildet und verinnerlicht werden.

Von motivbasiertem Handeln ist solches abzugrenzen, das durch äußeren Zwang (z.B. Gewaltandrohung) entsteht. Zwang kann auch durch soziale Prozesse (soziale Rollen, soziale Gruppennormen) aufgebaut werden. Da Gewaltandrohung für unsere Kaufentscheidungen (hoffentlich) keine Rolle spielt, wird unsere Handlungsbereitschaft maßgeblich durch zwei Einflussfaktoren bestimmt: erstens durch unsere innersten Handlungsmotivationen sowie zweitens durch soziale Prozesse in unserem Umfeld.

Handlungsbereitschaft auf Basis innerer Motive

Ein Teil unserer inneren Handlungsmotivationen wird uns bereits in die Wiege gelegt. Man spricht in diesem Zusammenhang auch von biologisch programmierten Grundmotivationen des Menschen. Diese sollen unser Überleben sichern. Ein Beispiel ist das angeborene Streben nach Sicherheit und Geborgenheit.

Viele unserer inneren Beweggründe erwerben wir jedoch erst im Laufe unseres Lebens durch Erfahrung, so etwa die gelernte Preismentalität. Niemand wird als Schnäppchenjäger geboren. Angebotsfixierte Menschen haben irgendwann gelernt, dass ihnen eine ausgeprägte Preisorientierung viele Vorteile bietet: Man kann sich einfach mehr leisten und dadurch mehr Spaß haben.

Dieses Beispiel zeigt schon, dass die durch Erfahrung gebildeten Handlungs- und Kaufmotivationen letztlich immer einen Bezug zu unseren biologisch programmierten Grundmotivationen haben (z.B. zu dem Streben nach Spaß oder nach persönlichem Wohlbefinden).

Doch was ist es nun genau, das den Menschen in seinem innersten Kern mobilisiert? Die Psychologie stellt zur Beantwortung dieser Frage verschiedene Modelle zur Verfügung, auf deren vollständige Erläuterung hier verzichtet werden soll.

Konzentrieren wir uns auf zwei besonders interessante Ansätze: die (klassische) Bedürfnishierarchie von Maslow und das (neuere) Züricher Modell der sozialen Motivation.

Die Bedürfnishierarchie von Maslow

Das weltweit bekannte und auch heute noch sehr anerkannte Modell zur Systematisierung der Motive menschlichen Handelns wurde bereits 1958 von dem Psychologen Abraham Maslow entwickelt.

Nach Maslow verfügt jeder Mensch über fünf Gruppen von Grundmotivationen, die hierarchisch in Stufen (aufsteigend von eins bis fünf) angeordnet sind:

- Motivgruppe eins: Befriedigung körperlicher Grundbedürfnisse (hierzu gehören u.a. ausreichendes Essen, Trinken, Schlaf, saubere und warme Kleidung, Gesundheit, Sexualität)
- Motivgruppe zwei: Sicherheit (dazu gehört z.B. das Gefühl, in gesicherten Verhältnissen zu leben, etwa in einer adäquaten Wohnung, an einem sicheren Arbeitsplatz etc.)
- Motivgruppe drei: Soziale Beziehungen (hierzu gehören z.B. eine intakte Partnerschaft, Freundschaft, das Gefühl, gebraucht zu werden etc.)
- Motivgruppe vier: Soziale Anerkennung (die Motivgruppe umfasst u.a. das Streben nach sichtbarem Wohlstand, Macht, Karriere, Auszeichnungen, Statussymbolen etc.)

◆ Motivgruppe fünf: Selbstverwirklichung (hierzu gehört das Streben nach der Entfaltung der eigenen Individualität, und auch Sinn- und Glaubensfragen fallen in diese Motivgruppe)

Nach Maslow bauen die fünf Motivgruppen aufeinander auf. Erst wenn die körperlichen Grundbedürfnisse befriedigt sind, strebt der Mensch nach Sicherheit, dann nach sozialen Beziehungen, nach sozialer Anerkennung und schließlich nach Selbstverwirklichung. Die drei unteren Stufen werden als Defizitmotive bezeichnet, die keine Motivationskraft mehr haben, wenn sie gesättigt sind. Die Stufen vier und fünf sind dagegen Wachstumsmotive, die sich nie hundertprozentig befriedigen lassen.

Stellen Sie sich z.B. einen Unternehmer vor, der über verschiedene Statussymbole, z.B. ein teures Auto, eine exklusive Uhr, teure Kleidung etc. verfügt. Sofern es sein Budget zulässt, wird er sich mit der Zeit weitere Statussymbole zulegen, also ein weiteres Luxusauto, noch eine teure Uhr, vielleicht eine Segelyacht, ein Ferienhaus usw. Er kann nie genug von diesen Statussymbolen bekommen, da das Bedürfnis nach sozialer Anerkennung unersättlich ist.

Die strenge Abfolge der Motivgruppen wird in der moderneren Psychologie mittlerweile bezweifelt. Höhere Ziele können durchaus ohne vollständige Befriedigung der Defizitbedürfnisse angestrebt werden.

Ein Beispiel sind die Entwicklungsländer, die nicht über unseren westlichen Lebensstandard verfügen. Hier sind die körperlichen Grundbedürfnisse der Menschen keineswegs befriedigt. Dennoch – bzw. gerade deshalb – streben diese Menschen gezielt nach Sicherheit und sozialen Beziehungen innerhalb der Familie.

Das Züricher Modell der sozialen Motivation

Ein viel beachtetes, neueres Modell, das auf Motivhierarchien gänzlich verzichtet, ist das Züricher Modell der sozialen Motivation. Es wurde von dem deutschen Psychologen Norbert Bischof entwickelt und unterscheidet drei Motivsysteme des Menschen:

- **Motivsystem eins: Sicherheit**
  Dieses Motivsystem subsumiert alle Motive, die mit der Absicherung der eigenen Existenz sowie des Lebens und der Sicherheit anderer, nahestehender Menschen zu tun haben.
- **Motivsystem zwei: Erregung**
  Dieses Motivsystem umfasst alle Motive, die sich auf Stimulanz beziehen, z.B. das Streben nach Abwechslung, nach Abenteuer, nach neuen Erfahrungen usw.
- **Motivsystem drei: Autonomie**
  Hierunter werden alle Motive zusammengefasst, die sich auf Leistung, Durchsetzung und Kontrolle beziehen, etwa das Streben nach Unabhängigkeit, nach Geltung sowie nach Einfluss und Macht.

Relevanz für die Werbepraxis

Die Tatsache, dass jedes menschliche Handeln – so auch der Kauf – durch innere Handlungsmotivationen gesteuert wird, gibt den Werbefachleuten wichtige Hinweise für die konkrete Ausgestaltung der Werbung. Werbung, die nicht an relevante Handlungsmotivationen der Zielgruppe anknüpft, bleibt ohne Erfolg. Sie kann zwar auffallen und auch gefallen, führt aber nicht zwangsläufig zur Kaufhandlung.

Eine große Herausforderung für die Werbung liegt deshalb in der Entwicklung eines geeigneten Instrumentariums zur Erforschung künftiger Handlungs- und Kaufmotivationen. Die klassische Marktforschung stößt hier an ihre Grenzen, da unterbewusste Beweggründe nicht einfach durch Zielgruppenbefragungen ermittelt werden können. Viele Hoffnungen liegen derzeit auf den neueren Methoden der Gehirnforschung, die kombiniert mit den Methoden der klassischen Markt-, Konsum- und Sozialforschung neue Erkenntnisse versprechen (siehe dazu auch die folgenden Magazinseiten „Moderne Gehirnforschung und Neuromarketing").

Moderne Gehirnforschung

Um die Wirkung von Werbung in den noch unerforschten Bereichen des menschlichen Gehirns – der sog. „Blackbox" – besser durchleuchten zu können, kommen in der Gehirnforschung verschiedene Messtechniken zum Einsatz:

◆ Die EEG-Methode (Elektroenzephalografie) Es handelt sich hier um eine (bereits ältere) Methode zur Feststellung der Reihenfolge von Gehirnaktivitäten bei einer Werbedarbietung. Gemessen werden die schwachen elektrischen Impulse, die von den Nervenzellen im Gehirn bei ihrer Aktivierung ausgesendet werden. Dazu werden Elektroden am Kopf der Testperson aufgebracht.

◆ Die MEG-Methode (Magnetenzephalografie) Diese Methode lokalisiert mittels hochempfindlicher Detektoren die Magnetfelder, die durch die Aktivitäten der Neuronen im Gehirn bei der Aufnahme von Werbebotschaften entstehen. Der Vorteil gegenüber der EEG-Methode liegt darin, dass nicht nur Aktivierungen in den äußeren Gehirnbereichen nahe der Schädeldecke, sondern auch im Inneren nachgewiesen werden können.

◆ Die PET-Methode (Positronen-Emissions-Tomografie) Im Rahmen dieser Methode werden den Testpersonen leicht radioaktive Substanzen verabreicht, deren Weg durch Röntgenverfahren lokalisiert werden kann. In Abhängigkeit von der Stärke der Stoffwechselfunktionen in bestimmten Gehirnbereichen ist die Konzentration der radioaktiven Substanzen im Gehirn lokal unterschiedlich ausgeprägt. Die Methode hilft bei der genauen

und Neuromarketing
Gehirngerechte Werbung durch neue Forschungsmethoden

räumlichen Abgrenzung der verschiedenen Gehirnbereiche, die bei einer Reizdarbietung aktiviert werden. Sie birgt jedoch ein gewisses gesundheitliches Risiko.

- ◆ Die fMRT-Methode (funktionelle Magnetresonanztomografie) Die Methode wurde in den Neunzigerjahren entwickelt. Die mit ihr produzierten Gehirnscans bilden eine wichtige wissenschaftliche Grundlage des so genannten Neuromarketings, einer ganz neuen Marketingdisziplin, die auf die Entwicklung „gehirngerechter Werbung" zielt.
  Die fMRT-Methode basiert auf der Tatsache, dass aktive Körperzellen einen höheren Sauerstoffbedarf haben als inaktive Zellen. In den aktiven Körperbereichen kommt es zu einer Sauerstoffanreicherung im Blut. Das sauerstoffreiche Blut wird dabei zu einer Art natürlichem Kontrastmittel, das durch die Messung mittels Magnetresonanztomografen sichtbar wird. Man geht davon aus, dass ein erhöhter Sauerstoffbedarf im Gehirn auf eine starke neuronale Aktivität der betreffenden Gehirnbereiche zurückzuführen ist.

Neuromarketing – der Weg zum gläsernen Kunden?

Das Neuromarketing stützt sich auf die Erkenntnisse der Gehirnforschung. Nach Expertenmeinung ist es jedoch noch weit davon entfernt, die „Blackbox" des Menschen komplett zu entschlüsseln.

In einer Marketingfachzeitschrift wurde die Problematik des Neuromarketings folgendermaßen beschrieben:

„Es ist so, als versuche man die Funktionsweise eines Computers zu ergründen, indem man seinen Stromverbrauch bei der Bearbeitung verschiedener Aufgaben misst."

Was fehlt, sind gesicherte Grundlagen für die Interpretation der Gehirnscans. Diese können nur in Kombination mit klassischer Marktforschung (z.B. tiefenpsychologischen Interviews) ermittelt werden.

Neuromarketing integriert schon heute das Wissen verschiedener wissenschaftlicher Disziplinen. Es bleibt spannend, wie sich die Methoden des Neuromarketings in den nächsten Jahren weiterentwickeln werden.

Der „Pepsi-Test"

Ein Beispiel für den Einsatz der modernen Gehirnforschung im Marketing ist der bekannte „Pepsi-Test".

Um die Wirkung von Pepsi Cola einerseits und Coca-Cola anderseits zu messen, wurden bei Testpersonen, die Pepsi Cola und Coca-Cola tranken, Gehirnscans gemacht. Dabei wurden in einem ersten Testlauf die Namen der Marken nicht enthüllt, beim zweiten Testlauf dagegen wurden die Marken der Getränke bekannt gegeben.

Das Ergebnis war verblüffend:

Im Blindtest schmeckte den meisten Konsumenten Pepsi besser (erkennbar an der starken Aktivierung der Bereiche im Gehirn, die als Belohnungszentrum gelten).

Beim zweiten Testlauf schnitt Coca-Cola besser ab, das heißt, aktivierte stärker. Hier wurden aber im Gegensatz zum ersten Testlauf vor allem diejenigen Hirnbereiche angesprochen, die mit dem Selbstwertgefühl des Menschen zusammenhängen.

Positive Assoziationen in diesem Bereich aktivieren stärker als das reine Geschmackserlebnis, weshalb Coca-Cola ein insgesamt besseres Ergebnis erzielte.

Handlungsbereitschaft auf Basis sozialer Prozesse

Neben inneren Motiven, die der Motor jeglichen Handelns sind, beeinflussen auch soziale Prozesse das menschliche Verhalten, insbesondere soziale Rollen sowie Werte und Normen.

Soziale Rollen

Soziale Rollen sind maßgebend für unser Handeln und unsere Verhaltenssicherheit. Eine soziale Rolle ist definiert als ein Verhaltensmuster, das von einer Person erwartet wird, wenn sie innerhalb einer bestimmten Gruppe oder in einer spezifischen Situation agiert.

Jeder Mensch besitzt verschiedene berufliche und private Rollen, die auch miteinander konkurrieren können. (Beispiel „Lehrer": Die Unterweisung anderer gehört zur beruflichen Rolle des Lehrers, im privaten Freundeskreis werden Belehrungen dagegen weniger gut aufgenommen.)

Jeder Mensch hat eine Tendenz, sich rollenkonform zu verhalten. Diese Tendenz basiert auf dem angeborenen Bedürfnis nach Zuneigung und Akzeptanz. Das Streben, von anderen akzeptiert zu werden, ist eine der stärksten Motivationen des Menschen überhaupt. Deshalb sammeln wir stetig Informationen darüber, wie wir unsere Rollen am besten ausfüllen können und was korrektes Verhalten in unserem sozialen Umfeld auszeichnet.

Soziale Werte und Normen

Jede soziale Gruppe verfügt über ihre eigenen Werte und hat bestimmte Erwartungen, wie sich jedes Gruppenmitglied verhalten sollte. In unserer Gesellschaft gilt es beispielsweise in Diskussionen als verpönt, andere nicht zu Wort kommen zu lassen. Dahinter verbergen sich die in unserem Kulturkreis tief verwurzelten demokratischen Werte.

Noch stärkeren Einfluss als „die Gesellschaft" oder formale und institutionelle Gruppen haben soziale (Klein-)Gruppen, innerhalb derer wir täglich agieren und die uns wichtig sind, also die Familie oder der Freundeskreis.

Die Anpassung an die gruppenspezifischen Werte und Normen erfolgt auf zweierlei Arten:
- ◆ über die Beobachtung, welche bestimmten Verhaltensweisen innerhalb einer Gruppe immer gleich ablaufen und welche als „abweichendes Verhalten" gelten, sowie
- ◆ über die Beobachtung (oder Erfahrung) negativer Konsequenzen, die auf eine Normverletzung innerhalb der Gruppe folgen (z.B. „Lächerlichmachen", „Kritik", „Zurückweisung").

Wie stark sich ein Mensch sozialen Gruppennormen beugt (also auch unsinnigen oder seiner persönlichen Entwicklung entgegenstehenden), hängt immer mit seiner individuellen Persönlichkeit sowie mit dem Grad der Abhängigkeit von der Gruppe zusammen.

Relevanz für die Werbepraxis

Für die Werbung sind die Erkenntnisse über den Einfluss von Rollen sowie der Bedeutung sozialer Werte und Normen sehr wichtig. Kaufmotivationen, die aus den innersten Grundmotivationen der Zielgruppe entstehen, können durch das Streben nach Rollen- bzw. Normkonformität gesteigert, aber auch gehemmt werden. So ist der ganz egoistische Wunsch nach persönlichem Genuss für die Werbung zwar häufig ein äußerst relevantes Thema, das aber mit bestimmten Rollen (z.B. der des verantwortungsbewussten Familienmenschen) nicht vereinbar ist.

In solchen Fällen setzt die Werbung gerne auf bekannte Persönlichkeiten, die als Nutzer oder Fürsprecher der beworbenen Produkte demonstrieren, dass Verantwortungsbewusstsein und persönlicher Genuss durchaus vereinbar sind.

Das menschliche Streben nach Rollen- bzw. Normkonformität kann die Werbung auch ganz gezielt für sich nutzen, und zwar immer dann, wenn das beworbene Produkt als Mittel zur Erfüllung rollen- oder normspezifischer Erwartungen inszenierbar ist. Ein Beispiel ist die Werbung für besonders umweltfreundliche Produkte. Sie thematisiert das gute Gefühl, mit jedem Kauf etwas für die Umwelt getan zu haben. Jeder umweltbewusste Kunde greift dann dankbar zu.

Zu beachten ist aber, dass verschiedene soziale Gruppierungen innerhalb einer Gesellschaft durch ganz unterschiedliche Wertesysteme geprägt sind (vgl. dazu u.a. das Modell der Sinus-Milieus für Deutschland, www.sinus-milieus.de). Das Thema „Umweltverträglichkeit" in der Werbung wird somit immer nur die sozialen Gruppen ansprechen, für die umweltfreundliches Verhalten eine wichtige Norm darstellt. Für alle anderen sozialen Gruppierungen müssten andere Themen gefunden werden.

> **Tipp für Ihre Kommunikation**
>
> Wenn Sie Ihre Kommunikationsziele erreichen wollen, sollte Ihre Botschaft für Ihre Kommunikationspartner immer ganz individuell relevant sein.
>
> Berücksichtigen Sie auch die sozialen Umfeldeinflüsse, durch die Ihre Zielgruppe geprägt wird. Formulieren Sie Ihr Anliegen so, dass es mit den verschiedenen Rollen und Werten Ihrer Gesprächspartner möglichst nicht kollidiert und sie nicht in einen Gewissenskonflikt gestürzt werden.

4.7 Handeln (Kaufverhalten)

Wie Sie in Kapitel 4.2 gelesen haben, sind viele unserer Denk- und Handlungsweisen automatisiert. Sie basieren auf den Lernprozessen früherer Erfahrungen und treten entweder als habitualisiertes (also gewohnheitsmäßiges) oder impulsives Verhalten auf.
Natürlich handelt der Mensch nicht immer intuitiv, sondern auch bewusst kontrolliert, und zwar immer dann, wenn für eine bestimmte Situation keine geeigneten Denk- und Handlungsschemata zur Verfügung stehen.

Dementsprechend gibt es unterschiedliche Typen von Kaufentscheidungen: extensive, limitierte, impulsive und habitualisierte Kaufentscheidungen.

- ◆ Extensive Kaufentscheidungen zeichnen sich durch einen intensiven kognitiven Informationsverarbeitungsprozess aus. Die hierfür notwendige Motivation liefern stark aktivierende Emotionen, wie z.B. die Angst, etwas falsch zu machen. Zu extensiven Kaufentscheidungen kommt es, wenn der Kauf folgenreich ist (z.B. beim Hauskauf) und der Entscheider keine oder nur wenige Erfahrungen mit der Kaufsituation hat (Erstkäufer).
- ◆ Limitierte Kaufentscheidungen basieren ebenfalls auf kognitiven Prozessen, ihnen fehlt aber die starke emotionale Aktivierung, sodass lediglich einige wenige relevante Schlüsselinformationen zur Entscheidungsfindung herangezogen werden. Die Entscheidung erfolgt auf Basis bewährter Entscheidungskriterien, die produktabhängig variieren. (Zu den wesentlichen Entscheidungskriterien beim Neuwagenkauf zählt z.B. heute der Kraftstoffverbrauch.)
- ◆ Impulsiven Kaufentscheidungen fehlt die kognitive Kontrolle. Sie werden durch emotional stark aktivierende Reize (z.B. Belohnungsreize in Form sehr hoher Rabatte) ausgelöst, mit denen man bereits positive Erfahrungen gemacht hat.
- ◆ Habitualisierten Kaufentscheidungen fehlt die emotionale Richtung. Sie sind durch rein reaktive Muster (bekannter Reiz – bewährtes Handlungsprogramm) geprägt.

Relevanz für die Werbepraxis

Die Tatsache, dass nicht alle Produkte nach dem gleichen Schema gekauft werden, sondern für unterschiedliche Produktgattungen unterschiedliche Kaufentscheidungsprozesse typisch sind, ist für die Werbung sehr bedeutsam.

So genannte High-Involvement-Produkte (z.B. Autos, Immobilien, Kapitalanlagen), die nur auf Basis extensiver Entscheidungsprozesse gekauft werden, müssen anders beworben werden als Low-Involvement-Produkte (z.B. Güter des täglichen Bedarfs, wie Toilettenpapier), die man eben mal mitnimmt.

Im High-Involvement-Segment ist Werbung in der Regel sehr informativ, d.h., sie bemüht sich, alle für die Kaufentscheidung wichtigen Sachargumente zu liefern. Zusätzlich wird hier versucht, an die emotionalen Beweggründe, die den Käufer zu der (zeitaufwändigen) intensiven Informationssuche motivieren, anzuknüpfen.

Tipp für Ihre Kommunikation

Zur Erreichung Ihrer Kommunikationsziele ist das richtige Maß an (sachlichen) Informationen zielführend. Wie viele Fakten braucht Ihr Gegenüber, um Sie zu verstehen, Ihnen zuzustimmen oder ein bestimmtes Verhalten zu zeigen? Reichen wenige Schlüsselinformationen aus, um das gewünschte Verhalten zu aktivieren, oder müssen Sie ganz viele Argumente anbringen, um Ihr Ziel zu erreichen? Überlegen Sie genau, wie viele und welche Informationen Sie bereithalten müssen.

Auf den Punkt gebracht
Der Weg der Werbung durch unser Gehirn

- ◆ Werbung ist nichts anderes als eine externe Information, die in unserem Innersten mehrere Prozesse auslösen muss, um ihr Ziel (den Kauf) zu erreichen.

- ◆ Werbung muss zunächst – bewusst oder unterbewusst – wahrgenommen werden, um zu wirken. Reize, die unterhalb der menschlichen Wahrnehmungsschwelle liegen, können keine Wirkung zeigen. Nicht nur die bewusst, sondern auch die beiläufig aufgenommenen Informationen entfalten eine Wirkung, da sie in der Lage sind, unterbewusste Denk- und Handlungsschemata zu aktivieren.

- ◆ Alle – bewusst oder unterbewusst – aufgenommenen Informationen, die in den sensorischen Speicher unseres Gedächtnisses gelangen, werden zunächst gedeutet (decodiert). Dieser Prozess kann blitzschnell erfolgen, wenn ein Abgleich mit bestehenden Erfahrungswerten möglich ist. Stehen keine geeigneten Decodierungsschemata zur Verfügung, werden die Informationen durch bewusstes Denken entschlüsselt. Von der Komplexität der Information sowie von ihrer emotionalen Bedeutung hängt jedoch ab, ob eine solche intensive Weiterverarbeitung überhaupt stattfindet.

- ◆ In wechselseitiger Beziehung zur Decodierung erfolgt eine Bewertung der Informationen. Emotionen spielen dabei eine große Rolle. Geprüft wird, ob die Bedeutung der Information überhaupt emotional relevant ist. Für die Bewertung werden – genau wie zur Decodierung – bestehende Schemata herangezogen. Diese Bewertungsschemata werden im Laufe des Lebens durch Erfahrung und Lernen gebildet und sind daher stark von dem Umfeld jedes Einzelnen (Kultur, soziales Milieu, soziale Gruppen) geprägt.

- Informationen mit besonderer Relevanz gelangen in den so genannten Langzeitspeicher. Sie sind hier für immer abgelegt, können aber durch neue Informationen überlagert werden oder mit der Zeit verblassen. Für die Abrufbarkeit der im Langzeitgedächtnis gespeicherten Informationen sind die Netzwerkverbindungen zu anderen Informationen, die (duale) Codierung, der Bezug zur eigenen Person sowie die Intensität der vorausgegangenen Informationsverarbeitung ausschlaggebend.

- Informationen, für deren Deutung und Bewertung keine geeigneten Schemata zur Verfügung stehen, können Lernprozesse in Gang setzen. Der Mensch sucht dann aktiv nach neuen Informationen (z.B. nach geeigneten Vergleichsmaßstäben), welche die Herausbildung neuer Deutungs- und Handlungsschemata ermöglichen.

- Werbliche Informationen müssen stets an relevante Handlungsmotivationen der Zielgruppe anknüpfen, um die Kaufbereitschaft positiv zu beeinflussen. Persönliche Handlungsmotive können durch soziale Umfeldeinflüsse (soziale Rollen, soziale Normen) jedoch unterdrückt, aber auch bestätigt oder intensiviert werden. Der Kauf kann durch die sozialen Einflüsse somit komplett verhindert, aber auch gefördert werden.

5 Strategien und Techniken der Werbung
Wie Werbung beeinflusst

Jede Werbung verfolgt eine konkrete Absicht, will beeinflussen, zum Kauf animieren. Doch die Kommunikationsbedingungen, die sie vorfindet, sind von Zielgruppe zu Zielgruppe, von Produkt zu Produkt, von Werbemedium zu Werbemedium und von Werbezeitpunkt zu Werbezeitpunkt unterschiedlich. Deshalb gibt es auch keine „Zauberformel der Werbung", die in allen Situationen zum Erfolg führt.
Werbung begegnet uns immer wieder in neuen Gewändern und bedient sich immer anderer Beeinflussungstechniken.
Die einzige Konstante in der Werbung ist die Tatsache, dass kein Gestaltungselement zufällig eingesetzt wird. Jedes Detail, von der Auswahl der Bilder über die Tonalität der Texte bis hin zur Komposition der einzelnen Gestaltungselemente wird sorgfältig geplant. Wirksame Werbung nutzt die Erkenntnisse der Psychologie und macht sich die Regeln erfolgreicher Kommunikation zu Nutze.

5.1 Basisstrategien der Werbung: Information versus Emotion

Um ihre Ziele zu erreichen, bedient sich die Werbung unterschiedlicher Kreativstrategien. Man unterscheidet in:
- informative Werbung (sie zielt auf unser bewusstes Denken),
- emotionale Werbung (sie zielt auf unsere Gefühle) sowie
- Mischformen aus beiden Strategien (sie zielen in der Regel zuerst auf unsere Emotionen, um dann intensivere Denkprozesse in Gang zu setzen).

Die informative Werbung ist eine Basisstrategie, die ganz stark auf kognitiver Ebene arbeitet. Dies ist eine große Herausforderung, bedenkt man, dass das menschliche Gehirn auf Effizienz programmiert ist und jede geistige Anstrengung weitgehend vermeidet.

Leichter zu platzieren ist daher die emotionale Werbung – eine Strategie, die auch bei geringem Involvement der Zielgruppe funktioniert und nur eine minimale kognitive Beteiligung erfordert.

In der Werbepraxis gibt es viele Mischformen aus informativer und emotionaler Werbung. Man geht heute davon aus, dass informative Werbung nicht komplett auf emotionale Elemente verzichten kann, da Emotionen das menschliche Handeln maßgeblich beeinflussen. Es gilt als gesichert, dass kognitive Informationsverarbeitungsprozesse nie ganz ohne emotionale Beteiligung stattfinden.

> Eine der schwierigsten Aufgaben in der Werbung ist es somit zu entscheiden, wie der ideale Mix aus Information und Emotion aussehen soll.

Informative Werbung

Werbewirkung

Die informative Werbung will vor allem eins: auf kognitiver Ebene überzeugen. Durch die geschickte Platzierung von Argumenten erreicht sie step-by-step ihre Ziele – wie in einem guten Verkaufsgespräch. Sie liefert dem Kunden viele rationale Gründe, warum er das beworbene Produkt kaufen soll. Besondere Begründungen und Beweise stärken die Überzeugungskraft.

Informative Werbung appelliert an den gesunden Menschenverstand: Der Kunde soll von Bauch auf Kopf umschalten. Sie bedient das menschliche Grundbedürfnis nach Selbstbestimmung wesentlich stärker als die emotionale Werbung. Allerdings setzt sie auch die Bereitschaft des Kunden voraus, sich intensiv mit der Werbung zu beschäftigen. Angesichts der wachsenden Informationsflut nimmt diese Bereitschaft jedoch eher ab als zu.

Ferner lässt sich das Bauchgefühl bei keinem Menschen völlig ausschalten. Jeder Entscheidungsprozess und jede Kaufhandlung ist immer auch emotional beeinflusst. Deshalb kann die informative Werbung auf Emotionalität nie ganz verzichten. Ein ansprechendes, professionelles Design, aktivierende Farben, Bilder von glücklichen Kunden etc. sind wichtige Verstärker.

Grundsätzlich gilt:

> Je unbekannter ein Produkt ist und je weniger Erfahrungen der Kunde mit dem Produkt (dem Anbieter) hat, desto bedeutsamer werden die emotionalen Elemente.

Erscheinungsformen

Informative Werbung gibt es in vielen Variationen. Sie ist vor allem durch sprachliche Codes (Headlines, Slogans, Copytexte, Aufzählungen etc.) geprägt. Die Bandbreite reicht von klassischen Anzeigen mit hohem Informationswert bis hin zum so genannten „Story Telling", das nicht nur informativ ist, sondern in der Regel auch einen stark emotionalen Charakter aufweist und bewusst informative mit emotionalen Elementen mixt.

Beispiele für informative Werbung

- **Klassische Textanzeigen**
  Diese zeichnen sich durch einen hohen Textanteil im Vergleich zum Bildanteil aus. Produktvorteile werden im Copytext (Fließtext) aufgelistet, wissenschaftliche Beweise oder Begründungen als Glaubwürdigkeitsverstärker eingesetzt. Bildmotive haben hier eher deskriptiven Charakter (z.B. reine Produktabbildungen, statistische Grafiken etc.).

- **Anzeigen im Redaktionsstil**
 Es handelt es sich hier um eine Variante der klassischen Anzeigenwerbung, die u.a. in der Pharma-, Telekommunikations- und IT-Branche beliebt ist. Um ein Überblättern der Werbung zu verhindern, werden die Werbeanzeigen im Stil eines normalen Presseartikels gestaltet.
 Aus medienrechtlichen Gründen müssen sie in Deutschland mit der Bezeichnung „Anzeige" überschrieben sein. Die Kennzeichnung ist jedoch meist relativ klein, sodass sie dem flüchtigen Betrachter nicht unbedingt ins Auge sticht. Der Deutsche Presserat sieht redaktionell aufgemachte Werbung deshalb kritisch. Gegenteilige Meinungen betonen die Vorteile: Letztlich würden dem Leser viele interessante Produktinformationen geboten, die über andere Gestaltungskonzepte nicht kommuniziert werden könnten.

 Exkurs: Schleichwerbung
 Von den oben skizzierten, zulässigen Formen der redaktionell gestalteten, aber als solche klar gekennzeichneten Werbung ist die so genannte „Schleichwerbung" abzugrenzen.
 Es handelt sich dabei um bezahlte, redaktionell aufbereitete Beiträge über Produkte oder Firmen (in TV, Funk, Print, Internet), die zwar kommerzielle Interessen verfolgen, die aber nicht als Werbung gekennzeichnet und somit auch nicht als solche erkennbar sind. Hier wird dem Verbraucher eine objektive Berichterstattung vorgetäuscht, die aber nicht vorliegt.
 In der Werbepraxis werden solche Formen der Schleichwerbung nicht notwendigerweise direkt bezahlt, sondern häufig an flankierende Anzeigenbuchungen gekoppelt.

- **Infomercials**
 Der zusammengesetzte Begriff aus „Information" und „Commercial" bezeichnet einen mehrminütigen Werbespot, in dem ein Produkt (oder ein Unternehmen) aus-

führlich präsentiert wird. Dies kann in Form eines Dialogs oder im so genannten Presenter-Stil erfolgen.

Beispiel Dialogstil:
Ein Moderator und eine Moderatorin sprechen über das Produkt – wie unter Freunden. Moderator: *„Sag mal, weißt du eigentlich, wie das Telefonieren über Internet funktioniert?"* Moderatorin: *„Ja, weiß ich. Wenn ich einen Internetanschluss habe, dann … "*

Beispiel Presenter-Stil:
Ein (einziger) Moderator präsentiert die Vorteile des Produktes. Moderator: *„Sehen Sie, Telefonieren über Internet kann wirklich ganz einfach sein. Wenn Sie einen Internetanschluss haben, können Sie schon morgen viel Geld sparen …"*

- **Werbebriefe**
  Werbebriefe sind oft sehr textlastig und folgen den Regeln eines persönlichen Verkaufsgesprächs. Da sich die meisten Werbetexter an der bewährten „AIDA-Formel" orientieren, sind viele Werbebriefe nach folgendem Muster aufgebaut:

A = Attention
Die persönliche Anrede des Empfängers sowie ein aktivierender Einleitungssatz (z.B. eine direkte Frage) erregen Aufmerksamkeit.
I = Interest
Wenn sich der Leser entschlossen hat weiterzulesen, wecken im Mittelteil (durch Aufzählungspunkte oder Unterstreichungen hervorgehobene) Produktvorteile sein Interesse.
D = Desire
Zur stärkeren Motivation werden die faktischen Produktvorteile häufig noch mit emotionalen Handlungsverstärkern kombiniert (z.B. mit einem Hinweis darauf,

wie viele zufriedene Kunden aus der Region das Produkt bereits gekauft haben).

A = Action
Im Schlussteil ermöglichen eine Webadresse, eine Servicenummer bzw. ein beigelegtes Bestellformular eine sofortige Reaktion, meist in Kombination mit einem entsprechenden Aufruf (man nennt diesen auch „Call to action", Beispiel: *„Fordern Sie jetzt unser kostenloses Infopaket an!"*). In Form eines Postskriptum (PS) enthält der letzte Satz des Anschreibens noch einen kurzen Handlungsverstärker (Beispiel: *„Wer innerhalb von drei Tagen bestellt, erhält ein attraktives Überraschungsgeschenk."*). Das PS wird meist noch vor dem eigentlichen Text gelesen und ist deshalb besonders wichtig.

Viele Menschen haben mittlerweile gelernt, wie ein typischer Werbebrief aussieht, und entsorgen Werbepost ungeöffnet im Papierkorb. Direct Mailings werden daher immer häufiger entgegen der Norm gestaltet, z.B. im Design eines persönlichen Briefs (d.h. mit echter Briefmarke statt Freistempler, weißem Umschlag ohne Werbeaufdruck, nur Fließtext, keine Aufzählungspunkte oder Unterstreichungen etc.).

◆ **Story Telling**
Nichts ist so unterhaltsam wie eine gute Geschichte. Im Gegensatz zu fiktiven Stories basiert das so genannte Story Telling in der Werbung meist auf nachprüfbaren Fakten. Die Erfolgsstory eines Unternehmens oder die Entstehungsgeschichte eines Produktes kann so interessant sein, dass sie den Leser wirklich fesselt.
Ein Beispiel ist die Google-Story, die mittlerweile auch als Buch veröffentlicht wurde. Hier skizzieren der Pulitzer-Preisträger David A. Vise sowie Mark Malseed den ebenso rasanten wie wechselhaften Aufstieg der Google-Erfinder. Gerade für Unternehmensgründer ist es spannend zu lesen, wie zwei amerikanische Jungs innerhalb von nur

fünf Jahren aus einem ehemaligen Studentenprojekt das Mega-Erfolgsprojekt des Internetbusiness kreierten.

Story Telling ist eine ideale Form, Hintergrundwissen über Unternehmen und Menschen, über Technologien und Marken in aktivierender Art und Weise zu vermitteln. Geschichten unterstützen die Erinnerung wesentlich stärker als die reine Aufzählung von Fakten (vgl. dazu auch Kapitel 4.4 „Erinnern und Vergessen").

Produkt- oder Firmenstorys haben aber nicht nur einen hohen Informations- und Erinnerungswert, sie besitzen in der Regel auch einen starken emotionalen Charakter. Durch sie werden Produkte und Unternehmen erlebbar. In der Werbepraxis gibt es zurzeit einen richtigen Story-Telling-Hype – schließlich hat jedes Unternehmen seine eigene Geschichte. Als Geschichten-Erzähler betätigen sich nicht nur die Werbe- oder PR-Profis der Unternehmen, immer öfter werden auch Kunden als glaubwürdige „Story Teller" rekrutiert.

Nutzen der informativen Werbung

- **Aus Konsumentensicht:** Die informative Werbung setzt auf Überzeugung. Durch die sachlichen Informationen kann sich der Verbraucher seine eigene Meinung über das Produkt bilden und es besser mit Konkurrenzangeboten vergleichen. Aus den dargebotenen Informationen können sich ganz neue Einsichten ergeben, die für die Kaufentscheidung wichtig sind *("Daran hätte ich sonst nicht gedacht …")*.

- **Aus Sicht des Werbenden:** Die auf Basis rationaler Verkaufsargumente gebildeten Produktpräferenzen machen den Kunden unempfindlicher gegenüber emotionalen Beeinflussungsversuchen der Konkurrenz.

Die bewusst getroffenen Kaufentscheidungen sind zudem stabiler, viele gute Argumente können den Kauf sogar beschleunigen. Beispiel: Shopping-TV. Hier entscheidet man sich in der Regel schnell, wenn die Kaufargumente wie Pistolenschüsse platziert werden und das Produkt zudem nur in begrenzter Menge zur Verfügung steht.

Kritik an der informativen Werbung

◆ **Aus Konsumentensicht** wirkt informative Werbung oft langweilig. Sie bietet zwar viel Information, dafür aber wenig Erlebniswert. Ferner beansprucht sie Zeit und erfordert ein hohes Maß an Konzentration.

◆ **Aus Sicht des Werbenden** ist informative Werbung nur bei einem hohen aktiven Informationsinteresse der Zielgruppe („High Involvement") sinnvoll. Diese Voraussetzung ist jedoch nur selten gegeben. Selbst Menschen mit ausgeprägtem Produktinteresse haben aufgrund der Informationsflut eine wachsende Abneigung gegen zu viele Informationen.

Emotionale Werbung

Werbewirkung

Die emotionale Werbung will vor allem eines: Erlebnisse vermitteln. Sie knüpft an unsere innersten Wünsche, Sehnsüchte und auch Ängste an. Das Produkt soll allein auf Basis der guten Gefühle (z.B. Anerkennung, Genuss etc.), die es vermittelt, gekauft werden. Eine intensive kognitive Auseinandersetzung mit dem Produkt wird nicht angestrebt.

Erscheinungsformen

Emotionale Werbung ist von nonverbalen Gestaltungselementen geprägt, die auf emotionaler Ebene wirken: Bilder, Farben, Töne, Duft, Haptik.

Beispiele für emotionale Werbung

◆ **Reine Stimmungs- oder Gefühlsbilder**
Die Werbung zeigt Menschen, die sich offensichtlich gut oder schlecht fühlen. Die positiven Gefühle werden auf

das Produkt zurückgeführt, die negativen Gefühle können durch das Produkt behoben werden. (Beispiel: Medikament plus lachende Frau impliziert: *„Das Medikament macht mich wieder fröhlich"*).

◆ **Traumwelt-Szenen**
Das Produkt wird in einer idealen Umgebung inszeniert. Durch den Konsum oder die Nutzung dieses Produktes soll sich der Kunde in diese ideale Situation hineinversetzt fühlen (Beispiel: Speiseeis plus Karibikstrand impliziert: *„Wenn ich dieses Eis esse, fühle ich mich wie im Urlaub."*).

◆ **Lifestyle-Szenen**
Es handelt sich um den gleichen Mechanismus wie bei der „Traumwelt", mit dem Unterschied, dass das Produkt hier nicht mit einer idealen Umgebung, sondern mit einem für die Zielgruppe erstrebenswerten Lebensstil (z.B. Abenteuer/Freiheit, Business/Erfolg, Geborgenheit/Familie) verknüpft wird. (Beispiel: Luxusuhr plus prominente Menschen in schicken Abendkleidern impliziert: *„Diese Uhr macht mich zum begehrten Mitglied einer erlesenen Gesellschaft."*)

◆ **Slice-of-Live-Szenen**
Die Werbung zeigt typische Alltagssituationen, in denen das Produkt positive Erlebnisse vermittelt oder negative Erlebnisse vermeiden hilft. (Beispiel: Kaffee plus fröhliche Festtagsgesellschaft impliziert: *„Dieser Kaffee macht meine Lieben – und somit auch mich – glücklich."*).

Nutzen der emotionalen Werbung

◆ **Aus Konsumentensicht:** Unser innerster Wunsch, das Leben zu genießen, uns selbst zu verwirklichen oder von anderen geschätzt zu werden, beeinflusst auch unsere Konsumbedürfnisse.

Vor allem in gesättigten Märkten müssen Produkte und Services neben Qualität und Leistung in zunehmendem Maße echte Konsumerlebnisse bieten.

Die qualitativen Eigenschaften eines Produktes sind zwar nach wie vor wichtig, sie werden aber mittlerweile als selbstverständlich vorausgesetzt.

Über den Kauf entscheidet immer öfter das Erlebnisprofil einer Marke. Produkte vermitteln durch geschickt inszenierte Werbung Erlebnisse. Werbung ist für den erlebnisorientierten Menschen ein wichtiges Mittel zur Bedürfnisbefriedigung.

◆ **Aus Sicht des Werbenden:** Zur Schaffung von Konsumerlebnissen ist die emotionale Werbung der informativen Werbung per se überlegen. Ferner wirken emotionale Bilder, wie es der Marketingexperte Kroeber-Riehl formuliert, wie „schnelle Schüsse ins Gehirn": Der Empfänger kann sich ihrer impliziten Wirkung nicht entziehen. Für den Werbeerfolg muss keine aktive Auseinandersetzung mit der Werbebotschaft stattfinden, die Wirkung tritt auch bei nur beiläufigem Werbekonsum ein.

Kritik an der emotionalen Werbung

Von emotionaler Werbung fühlen sich viele Menschen getäuscht. Sie ist zu unverbindlich, deutet eine gewisse Wirkung an, ohne sie zu garantieren. Kritisiert wird vor allem, dass Erlebniswerbung nur eine Scheinrealität erschaffe.

Beim Produktkonsum platzt nicht selten die Seifenblase – die skizzierte (aber nicht explizit zugesicherte) Wirkung stellt sich nicht ein.

Ein eher formales Problem der emotionalen Werbung ist die nicht eindeutige Interpretierbarkeit der dargebotenen Bilder und Szenen. Sprache ist stets eindeutig, Bilder sind es nicht immer. Wie oft haben Sie sich schon bei der Betrachtung einer Anzeige gefragt: *„Was will mir diese Werbung eigentlich sagen?"*, und dann (im für den Werbenden günstigsten Fall) nach einem erklärenden Text gesucht.

5.2 Beeinflussungstechniken der Werbung

Je nach kreativer Basisstrategie kommen unterschiedliche Beeinflussungstechniken zum Einsatz. Während die so genannten Aufmerksamkeits- und Glaubwürdigkeitsverstärker sowie die Lern-, Merk- und Verständnishilfen vor allem für die informative Werbung wichtig sind, haben im Rahmen der emotionalen Werbung Erlebnistechniken und emotionale Appelle eine große Bedeutung. Handlungsverstärker sind in der kommerziellen Werbung grundsätzlich immer relevant, da diese stets zum Handeln (Kaufen) animieren will.

Beeinflussungstechniken der Werbung (AdCoach Academy)

Aufmerksamkeitsverstärker

Hier geht es um die Beeinflussung der selektiven Wahrnehmung des Menschen (siehe auch Kap. 4.1). Aufmerksamkeit ist nicht ausschließlich im Rahmen der informativen, sondern in gewissem Maße auch für die emotionale Werbung wichtig. Werbung muss bemerkt werden, um zu wirken. Allerdings ist eine hohe, bewusste Aufmerksamkeit für die informative Werbung wichtiger als für die emotionale Werbung. Für Letztere reicht oft schon ein flüchtiger Kontakt. Die Art bzw. Intensität der nachfolgend skizzierten Aufmerksamkeitsverstärker wird daher in der Werbepraxis immer auf die jeweilige Basisstrategie der Werbung abgestimmt.

Formale Aufmerksamkeitsverstärker

Allein die formale Gestaltung einer Werbung kann unabhängig von ihrem Inhalt Aufmerksamkeit erregen. Wenn Sie sich einmal in Ihrer Umgebung umschauen, werden Sie feststellen, dass sehr viele Werbemaßnahmen bewusst „laut" (d.h. schrill, bunt, groß, überraschend etc.) gestaltet sind. Visuelle Eye Catcher (Blickfang) sind ein äußerst beliebtes Mittel, um Aufmerksamkeit auf die Werbung zu lenken. Häufig verwendete Blickfänge sind:

◆ **Farben: Bunte Farben – starker Kontrast**
Früher galt die Faustregel: „Je bunter, desto wirksamer." Heute gestaltet man Werbung eher nach dem Prinzip des stärksten Kontrasts im Werbeumfeld. Werbung, die auffallen soll, muss sich vom Umfeld abheben. In bild- und farbdominierten Werbemedien (z.B. Publikumszeitschriften) werden deshalb immer öfter farblich reduzierte, aber kontraststarke Designs verwendet. (Beispiel: Menschen werden als schwarze Schatten auf einem neongrünen Hintergrund abgebildet.)

◆ **Größe: Je größer, desto auffälliger**
Größe wirkt immer aufmerksamkeitssteigernd. Wichtig ist weniger die absolute Größe eines Objektes, sondern seine relative Größe zu anderen Objekten im direkten Umfeld. In der klassischen Anzeigenwerbung arbeitet

man daher gerne mit XXL-Produktabbildungen in Relation zum Text. Auch die Werbeträger selbst werden immer größer. Beispiele sind meterhohe Werbetürme oder die Verkleidung kompletter Häuserfassaden mit plakativen Werbemotiven.

◆ **Bewegung: Bewegungseffekte aktivieren**
Bewegungen, die in unserer unmittelbaren Nähe ausgeführt werden, führen unweigerlich zu einer Orientierungsreaktion. Wir fragen uns: *„Was passiert da? Muss ich eventuell einer Bedrohung ausweichen?"* Diesen angeborenen Schutzmechanismus nutzen vor allem die Gestalter von Schaufenstern und Verkaufsflächen. Bewegliche Schaufensterpuppen oder rotierende Lichteffekte auf dem Gehsteig ziehen die Blicke der Passanten magisch an.
Auch in der klassischen Anzeigenwerbung wird versucht, durch bestimmte Gestaltungstechniken Bewegung vorzutäuschen. Wellenlinien wirken immer „mobiler" als gerade Formen. Auf bedruckten Hologrammfolien verändert sich die Werbung beim Bewegen des Papiers.

◆ **Sonderplatzierungen:**
 Auffällig platziert ist halb gewonnen
Sonderplatzierungen drängen sich dem Betrachter quasi auf. Aus diesem Grunde nutzen immer mehr Unternehmen Sonderwerbeformen, die ihrem Produkt eine Alleinstellung garantieren.
Werbeplatzierungen außerhalb der normalen Werbeblöcke sind besonders beliebt. Ein Beispiel sind spezielle Split-Screen-Formate im TV, welche die Werbebotschaft während der laufenden Sendung als Streifen über den Bildschirm legen.

◆ **Ungewöhnliches: Irritierend und wirkungsvoll**
Ungewöhnliche Werbedesigns machen den Betrachter neugierig. Automatisch wendet er sich dem Neuem zu,

um sich Klarheit zu verschaffen. Beispiele sind auf dem Kopf stehende Werbeobjekte, unvollständige Bildmotive, Lücken- oder Fehlertexte.

Wichtig ist, dass die Irritation nicht zu schwach, aber auch nicht zu stark sowie die verwirrende Information nicht zu komplex ist. Denn sonst könnte Reaktanz (d.h. eine bewusste Abkehr von dem irritierenden Reiz) entstehen. Zu einem solchen Effekt führen unter Umständen auch sehr innovative, für die Zielgruppe ungewohnte Werbemaßnahmen (z.B. SMS-Gewinncodes auf Produktverpackungen in der Zielgruppe 60plus), die nicht mit existierenden Erfahrungen verknüpft und somit erst nach längerem Nachdenken verstanden werden können.

Inhaltliche Aufmerksamkeitsverstärker

Nicht nur die formale Gestaltung der Werbung, sondern auch die Werbeinhalte können unsere Aufmerksamkeit stark beeinflussen. Daher werden in der Werbepraxis regelmäßig inhaltliche Aufmerksamkeitsverstärker eingesetzt, beispielsweise:

◆ **Der Hinweis „Neu"**
Alleine die Ankündigung einer Neuheit reicht beim produktinteressierten Betrachter schon aus, um ihn zu fesseln. Das Wort „Neu" ist immer ein zuverlässiger Aufmerksamkeitsverstärker. Das Interesse an allem Neuem ist dem Menschen angeboren (biologisch programmierte Neugier), die „Gier" nach Innovationen prägt sich im Laufe des Lebens, insbesondere in der Jugend, noch weiter aus. Während des Sozialisationsprozesses lernen wir, dass man von anderen gelobt und bewundert wird, wenn man „up to date" ist.

◆ **Intellektuelle Herausforderungen inklusive Belohnung**
Preisrätsel und Gewinnspiele sind sehr beliebte Aufmerksamkeitsverstärker in der Werbung. Rätsel und Spiele bieten uns eine intellektuelle Herausforderung.

Sie knüpfen an unser Bedürfnis an, sich (vor anderen) zu beweisen. Leicht zu lösende Gewinnspielfragen nach dem Prinzip: *„Ohne Flei ... kein Prei ... "* (Ohne Fleiß kein Preis), setzen vor allem auf die verstärkende Wirkung der zu erwartenden Belohnung. Hier gilt: Je attraktiver die Belohnung, desto höher die Aufmerksamkeit.

◆ **Schlüsselreize**
Erotische Abbildungen, Kindchenschema, Angst auslösende Reize – sie ziehen unseren Blick magisch an. Kein Mensch kann sich dem entziehen. Jeder schaut z.B. automatisch auf „nackte Tatsachen" (vgl. dazu auch die folgende Magazinseite „Sex in der Werbung").
Eine ähnlich starke Anziehungskraft haben Kleinkinder oder Tierbabys. Ihre Wirkung basiert auf dem so genannten „Kindchen-Schema", ein dem Menschen angeborener Fürsorgereflex, der durch den Anblick runder Formen und Konturen ausgelöst wird. Auch Angst auslösende Abbildungen rütteln uns wach. Allerdings verursachen sie in der Regel negative Gefühle, die den (Absatz-)Erfolg der Werbung gefährden können.

◆ **Wichtige Ereignisse**
Themen des aktuellen Zeitgeschehens sind beliebte Aufmacher für die Werbung. Werbemotive, die an ein interessantes, die Massen bewegendes Ereignis anknüpfen, profitieren von dem Interesse an dem Ereignis selbst. Ein Beispiel sind die unzähligen Werbemaßnahmen zum Thema „Fußballweltmeisterschaft 2006 in Deutschland". Die allgemeine Begeisterung für das sportliche Großevent nutzten die WM-Sponsoren gezielt als Aufmerksamkeitsverstärker für ihre jeweiligen Werbekampagnen.

◆ **Anknüpfung an relevante Kaufmotive**
Die selektive Informationsaufnahme des Menschen wird durch seine innersten Handlungsmotive gesteuert. Wer-

bung, die nicht an relevante Handlungsmotive anknüpft, hat es schwer.

Problematisch für die Werber ist die Tatsache, dass Werbezielgruppen nie komplett homogen bezüglich der relevanten Handlungsmotive ihrer Mitglieder sind. Beispiel Autokauf: Für die einen Kunden ist das optimale Preis-Leistungs-Verhältnis kaufentscheidend, während für die anderen Kunden das Image der Marke die größte Rolle spielt. Wenn die Mitglieder einer Zielgruppe über sehr unterschiedliche Kaufmotivationen verfügen, werden idealerweise Segmente gebildet, die dann über differenzierte Werbemotive gezielt angesprochen werden.

Lenkung der Aufmerksamkeit

Zahlreiche Werbewirkungsstudien zum [Blickverhalten beim Werbekonsum]() zeigen, dass es einen typischen Blickverlauf bei der Betrachtung von Anzeigen, Werbebriefen und auch Webseiten gibt. Menschen tasten Werbung immer nach bestimmten Mustern ab. Diese werden durch unser allgemeines Leseverhalten bestimmt, das in unserem Kulturkreis durch die Richtung „von links oben nach rechts unten" gekennzeichnet ist. Eine ganzseitige Werbeanzeige im DIN-A4-Format wird im Normalfalle ebenfalls von links oben nach rechts unten betrachtet.

Durch das Design der Werbung kann der gewohnte Blickverlauf jedoch verändert, d.h. in eine andere Richtung gelenkt werden. Da [Bilder immer vor Text]() betrachtet werden, und zwar unabhängig davon, wo sie platziert sind, können Bilder unseren Blick bei der Betrachtung von Werbung umleiten. Das Bildmotiv (und die durch das Bild vermittelte Botschaft) wird zuerst wahrgenommen, danach alle Elemente (z.B. Text), die in unmittelbarer Nähe zu dem Bildmotiv platziert sind.

Somit kann die Werbung durch eine geschickte Anordnung der Bild- und Textelemente sicherstellen, dass ganz bestimmte Informationen in jedem Falle, selbst in kürzester Zeit, aufgenommen werden.

„Sex in der Werbung" –

Sexuelle Stimulanz ist ein Grundbedürfnis jedes Menschen. Erotische Reize können stark aktivieren. Jeder Mensch reagiert nicht nur psychisch, sondern auch physisch auf Erotik in der Werbung. Die Pupillen erweitern sich, der Hautwiderstand verändert sich.

Doch nicht immer muss dies auch zu Produktkäufen führen. Das altbekannte Prinzip „Sex sells" ist nicht ganz unumstritten. Denn die Verkaufswirkung erotischer Reize hängt stark davon ab, inwieweit die sexuelle Aufladung des Produktes dessen Attraktivität tatsächlich steigert.

Hat das Produkt eine erotische Komponente (z.B. Sportwagen mit viel PS = Potenz), kann sexy gestylte Werbung diese Produkteigenschaft verstärken. Ist dies nicht der Fall, werden die erotischen Reize zwar bemerkt, haben aber kaum Einfluss auf die Kaufentscheidung – sie können sogar negativ wirken (z.B. wird der Anbieter als unseriös empfunden, das Produkt wirkt durch die Werbung plötzlich „billig").

Folgende Erkenntnisse bezüglich der Wirkung von Sex in der Werbung gelten als gesichert:

◆ **Aufmerksamkeitswirkung:** Die Wirkung ist bei Frauen und Männern gleichermaßen zu beobachten: Erotische Reize ziehen die Blicke automatisch auf sich, sofern die Reize stark genug sind. Wie stark ein erotischer Reiz wirkt, ist unter anderem kulturabhängig (in unserer Kultur regt z.B. ein nacktes Bein niemanden mehr auf …).

Top oder Flop?
Was ist wirklich dran an dem Prinzip „Sex sells"?

◆ **Wahrnehmung und Beurteilung des beworbenen Produktes:** Erotische Reize haben unmittelbare Wirkung auf das Produktimage. Durch die Werbung wird das Produkt *„sexy"*, *„attraktiv"*, *„anziehend"* (im positiven Fall), aber auch *„billig"*, *„primitiv"*, *„abstoßend"* (im negativen Fall).

Selbst im positiven Sinne aktivierende Erotik kann jedoch von den eigentlichen Werbeinhalten ablenken.

Wichtige Produktmerkmale und/oder der Absender der Werbung werden bei starken erotischen Reizen schlechter wahrgenommen und erinnert. Zudem spüren gerade werbeerfahrene Konsumenten die beabsichtigte Beeinflussung. Der plumpe Versuch, durch Sex besser zu verkaufen, wird dann prompt mit Nichtachtung bestraft.

◆ **Erinnerungswirkung:** Erotische Werbung führt nicht immer zu einer hohen Markenerinnerung. Die Erinnerungsleistung hängt von der Einstellung des Betrachters ab. Wer Sex in der Werbung gut (oder zumindest nicht schlecht) findet, erinnert sich eher daran. Menschen mit einer Abneigung gegenüber erotischer Werbung erinnern sich deutlich schlechter.

◆ **Verkaufsfördernde Wirkung:** Sexuelle Reize wirken nur dann verkaufsfördernd, wenn sich Produkt und Erotik nicht gegenseitig ausschließen, das heißt, wenn eine glaubhafte, positive Verknüpfung zwischen beidem hergestellt werden kann.

Erlebnistechniken

Für die emotionale Werbung spielt der Einsatz so genannter Erlebnistechniken eine entscheidende Rolle. Durch sie wird das beworbene Produkt emotional aufgeladen.

> Das Produkt wird durch die Werbung selbst zum Erlebnis.

Voraussetzung ist, dass die Werbung in ausreichendem Maße wiederholt wird (vgl. dazu das Prinzip der klassischen Konditionierung, Kapitel 4.5). Beispiele für die Wirksamkeit der Erlebniswerbung gibt es viele.
Erlebnistechniken funktionieren in der Bierwerbung, in der Werbung für Kaffee und Süßigkeiten, für Zigaretten und Alkohol, für Parfum und Körperpflegeprodukte, für Arzneimittel, für Reisen, für Finanzanlageprodukte, ja sogar für stark erklärungsbedürftige technische Produkte.
Die wichtigsten Erlebnistechniken wurden bereits in Kapitel 5.1 vorgestellt (vgl. Traumwelt-, Lifestyle- und Slice-of-Live-Technik). Nonverbale Gestaltungselemente (wie Bilder, Szenen, Musik) sind hier besonders wichtig, allerdings lassen sich Erlebnisse auch durch reinen Text vermitteln (z.B. in Form des Story Telling, siehe Kap. 5.1).

Emotionale Appelle

Emotionale Appelle haben einen stärkeren Aufforderungscharakter als die reine Erlebniswerbung, bedienen sich aber in der Regel derselben Kreativtechniken (Slice-of-Life-Szenen, Inszenierung von Traumwelten etc.).

Appelle an emotionale Grundbedürfnisse

- ◆ **Appelle an den Humor**
  Das emotionale Grundbedürfnis nach Freude und Spaß mobilisiert den Menschen. Humor in der Werbung appelliert an unser Selbst, den Alltag nicht immer so „bierernst" zu nehmen. Humor wirkt sympathisch, zieht die

Aufmerksamkeit auf sich und schafft dadurch die Voraussetzungen für eine intensivere Beschäftigung mit der Werbebotschaft.

Insbesondere „peinliche, aber alltägliche Kundenprobleme" (wie z.B. Schweißgeruch) lassen sich durch Appelle an den Humor oftmals effektiver bewerben als über eine rein sachlich-informative Werbung. Das kritische, aber nicht dramatische Thema wird „entproblematisiert", die Werbung zeigt, dass der Betroffene nicht alleine dasteht und andere Betroffene das „Problemchen" durchaus gelöst haben.

◆ Angstappelle

Angst ist eine außerordentlich starke Antriebskraft, die aus dem biologisch programmierten Sicherheitsbedürfnis des Menschen resultiert. Angstwerbung arbeitet bewusst mit Bildern und Symbolik, die vermitteln, dass die persönliche, familiäre, kulturelle oder auch globale Sicherheit gefährdet ist.

Sie kann im Sinne des UWG (Gesetz gegen unlauteren Wettbewerb) für den Bereich der kommerziellen Absatzwerbung als sittenwidrig gelten, wenn sie gezielt die Ängste des Verbrauchers zur Absatzsteigerung nutzt.

Angstappelle werden daher fast ausnahmslos von nichtkommerziellen Organisationen, z.B. im Rahmen der gesundheitlichen Aufklärung oder auch für politische Werbung verwendet.

Der Einsatz von Angst ist jedoch auch hier nicht ganz unproblematisch: Es kann zu einer Überaktivierung des Betrachters kommen, mit der Folge, dass die eigentliche Werbebotschaft nicht mehr wahrgenommen wird oder sich der Betrachter bewusst von der bedrohlichen Situation abwendet (Reaktanz). Andererseits rüttelt Angst immer auf und sensibilisiert in besonderer Weise für wichtige (gesellschaftliche) Probleme, zu denen die breite Bevölkerung sonst vielleicht keinen Zugang finden würde.

Ein Beispiel ist das Werbemotiv einer AIDS-Aufklärungskampagne, das eine Mutter zeigt, die in einer idyllischen Parklandschaft liebevoll den Kinderwagen ihres Neugeborenen schaukelt. Es handelt sich aber nicht um einen normalen Kinderwagen, sondern um einen kleinen Babysarg, der mit der Headline: *„Ganz die Mama. HIV-positiv"* den Betrachter schockiert. Diese Betroffenheit liegt genau in der Absicht der werbenden Organisation, denn sie ist die notwendige Voraussetzung für eine intensivere Auseinandersetzung mit der heiklen Thematik.

Appelle an die soziale Verantwortung

◆ **Appelle an den guten sozialen Kontakt**
Schon Konfuzius sagte, dass das Leben an einem Ort erst dann schön ist, wenn die Menschen, die dort leben, ein gutes Verhältnis zueinander pflegen. Lebensqualität hat also etwas mit Beziehungsqualität zu tun. Und genau dort setzen die „Appelle an den guten sozialen Kontakt" an. Sie stellen Produkte in den Mittelpunkt guter Beziehungen. Ganz typisch für diese Art von Werbung sind Szenen aus dem Leben, in denen man bei einer guten Tasse Qualitätskaffee mit seinen Freunden plauscht oder der sympathische Nachbar gerne auf ein Gläschen Wein (natürlich in kristallklar gespülten Gläsern) vorbeischaut.

◆ **Appelle an das Streben nach sozialer Anerkennung**
Gute Beziehungen benötigen Vertrauen und Akzeptanz. Nur den wenigsten Menschen ist es egal, was andere Menschen von ihnen denken. Mangelnde Wertschätzung von außen kratzt schnell am eigenen Selbstwertgefühl und gefährdet das persönliche Wohlbefinden.
Von der Angst vieler Menschen, sozial nicht (ausreichend) anerkannt zu werden, profitieren vor allem die Hersteller von Luxusprodukten, die eine starke Außenwirkung haben (d.h. die für jedermann sichtbar sind, wie

Autos, Kleidung, Schmuck etc.). Solche Prestigeobjekte sind sehr beliebte, weil käufliche Mittel, um mehr soziale Anerkennung zu gewinnen. Die Werbung hat es hier einfach: Sie muss sich lediglich darauf konzentrieren, das Produkt als teuer und exklusiv zu präsentieren, in dem sie es in einer exklusiven Umgebung und/oder in Kombination mit bekannten Menschen inszeniert, die einen exklusiven Lebensstil repräsentieren.

Nicht nur im Luxusgütersegment, auch in der Werbung für ganz alltägliche Produkte funktionieren Appelle an das Streben nach sozialer Anerkennung. Hier wird allerdings bewusst auf zu viel Exklusivität verzichtet und das Produkt gezielt als „Standard" dargestellt, dem der (moderne) Kunde folgen sollte, wenn er nicht der Einzige sein will, der das Produkt noch nicht hat. (Beispiele für typische Werbeaussagen: *„Dieses Produkt nutzen bereits x-tausend zufriedene Kunden!" „Schon x-tausend Stück verkauft!" „Vertrauen auch Sie dem Marktführer!"*)

◆ **Appelle an die Fürsorgepflicht**
Als soziales Wesen ist der Mensch sehr empfänglich für Appelle an seine Fürsorgepflicht. Jeder ist irgendwann einmal auf die Hilfe anderer angewiesen, deshalb motiviert uns unser angeborenes Sicherheitsstreben zur Fürsorge gegenüber Dritten. Diese Fürsorgemotivation ist vor allem gegenüber uns sehr nahestehenden Personen (Kinder, Eltern, Geschwister) ausgeprägt, kann aber auch gegenüber Dritten bestehen, die sich selbst nicht helfen können. Werbung für Versicherungs- und Vorsorgeprodukte, aber auch für Lebensmittel, Arzneimittel, Kleidung, Möbel, Spendenaktionen etc. arbeiten regelmäßig mit Appellen an die Fürsorgepflicht.

Appelle an die Selbstverwirklichung
Sich selbst zu verwirklichen ist heutzutage kein „No go" mehr. Im Gegenteil: Das Austesten der eigenen Grenzen, die Entwicklung der persönlichen Kreativität ist gesellschaftlich

akzeptiert, sie wird sogar explizit gewünscht. Der Drang, sich auszuleben, treibt viele Menschen an, auch in ihren Kaufentscheidungen. Die Wellness-, Fitness- und Gesundheitsbranche boomt, ferner steht die persönliche Weiterbildung auf der Wunschliste vieler Menschen weit oben. Die klassischen Besitzgüter (das eigene Haus, das dritte Auto etc.) sind zwar immer noch attraktiv, ein Teil des dafür vorgesehenen Geldes wird aber zunehmend in das persönliche Wohlbefinden (Reisen, Bildung, Wellness, gutes Essen, Schönheitsbehandlungen etc.) investiert. Der Werbeslogan einer bekannten Kosmetikmarke, *„Weil Sie es sich wert sind"*, ist Ausdruck des modernen Zeitgeistes und spricht gezielt das Bedürfnis nach Selbstverwirklichung an.

Glaubwürdigkeitsverstärker

Glaubwürdigkeitsverstärker werden vor allem im Rahmen der informativen Werbung eingesetzt. Wissenschaftliche Beweise und Begründungen, Testurteile (z.B. von Stiftung Warentest), Presseberichte, Verbraucherumfragen und Erfahrungsberichte von zufriedenen Kunden können die Verkaufsargumentation sehr wirksam untermauern.

Auch bekannte Persönlichkeiten (Testimonials) werden häufig als Glaubwürdigkeitsverstärker eingesetzt, und zwar nicht nur dann, wenn sie bezüglich des beworbenen Produktes eine besondere Kompetenz aufweisen, sondern auch, wenn sie einen hohen Modellcharakter für die Zielgruppe besitzen (siehe dazu auch weiter unten „Lern- und Merkhilfen).

Identifikationshilfen

Ein großes Problem der heutigen Werbung liegt darin, dass die Absender der Werbebotschaften oft nicht erkannt werden – selbst dann nicht, wenn die Werbespots oder -anzeigen an sich gute Erinnerungswerte erzielen. Ein Beispiel stammt aus der Automobilwerbung: Hier fuhren einige Zeit lang fast ausschließlich silberne Neuwagen durch Städte und

Landschaften, durch Spots und Anzeigen. Dem flüchtigen Betrachter entging dabei allzu oft, wer da eigentlich warb.

Das Problem der „mangelnden Trennschärfe" ist auch in vielen anderen Branchen beobachtbar. Durch so genannte Identifikationshilfen wird versucht, die Absender der Werbung prägnanter herauszustellen.

Zum Beispiel wird das Firmenlogo in unmittelbarer Nähe zu dem am stärksten aktivierenden Gestaltungselement (dies ist in der Regel ein emotionales Bildmotiv) platziert. Die Deutsche Bank macht ihr Logo gleich zum wesentlichen Bestandteil ihrer Werbung. Das blaue Quadrat wird in TV-Spots und Anzeigen wie ein Alltagsgegenstand inszeniert. Man kann darauf sitzen, stehen, schaukeln etc. Der Effekt: Fällt der Blick auf die Werbung, fällt er automatisch auf das Logo. Nach dem gleichen Prinzip arbeiten Unternehmen, die zwar nicht ihr Logo, dafür aber eine dem Unternehmen direkt zuweisbare Symbolik in den Mittelpunkt ihrer Werbung stellen, so z.B. der Mobilfunkanbieter O2 mit seinen „aufsteigenden Luftblasen". Auch das „Magenta", die Hausfarbe der Telekom, hat eine starke Symbolkraft. Alleine die Farbe auf einer prägnanten Fläche wird schon mit dem Unternehmen assoziiert.

Lern- und Merkhilfen

Werbung, die nicht sofort zum Kauf führt, muss sich einprägen, um (später) zu wirken. Merkhilfen entfalten ihre Wirkung meist nur befristet, während Lernerfahrungen die Gedächtnisleistung nachhaltig beeinflussen können.

Merkhilfen

Folgende Techniken zielen in der Werbung auf eine hohe Gedächtnisleistung:

- ◆ **Wiederholungen**
  Je öfter eine Botschaft wiederholt wird, desto eher wird sie wahrgenommen und erinnert.

Wiederholungen in der Werbung erfolgen durch
- die parallele Schaltung einer Werbung in verschiedenen, sich ergänzenden Medien (z.B. Tageszeitungen plus Funk),
- die Wiederholung einer Werbung in verschiedenen aufeinander folgenden Ausgaben eines Mediums,
- die so genannte „Remindertechnik" (Dabei wird das Werbemittel in einer längeren und in einer kürzeren Version produziert und kurz hintereinander geschaltet. Ein Beispiel ist die Kombination eines dreißigsekündigen TV-Spots mit einem zehnsekündigen Reminderspot, zwischen denen genau ein anderer Werbespot gesendet wird.),
- die Wiederholung prägnanter Gestaltungselemente der Werbung innerhalb des gleichen Werbemittels (z.B. Platzierung des Produktnamens in der Headline, im Bild und im Text einer Anzeige).

◆ **Eselsbrücken**
Reime, Alliterationen, Analogien und Metaphern sind „verbale Eselsbrücken", die das Lernen von Texten erleichtern. Sie helfen uns, verbale Werbebotschaften besser zu behalten.

Reim: *Im Alltag und bei Festen – Spaghetti von ... sind einfach die besten!*
Alliteration: *Lecker, locker, leicht.*
Analogie: *Stark wie ein Stier*
Metapher: *Bei uns ist der Kunde König.*

Es gibt auch „visuelle Eselsbrücken", welche die Verständlichkeit und Einprägsamkeit der beworbenen Produktvorteile erhöhen (z.B. Bildmotiv „Peperoni" als Symbol für „Schärfe").

◆ **Physische Erinnerungshilfen (Reminder)**
Notizzettel oder Post-its unterstützen uns im Alltag, wenn wir etwas nicht vergessen wollen. In die Werbung

integrierte Info-Coupons oder Post-it-Haftnotizen haben die gleiche Funktion. Sie ersetzen den Einkaufszettel und werden u.a. in der Arznei- und Nahrungsergänzungsmittelwerbung (insbesondere in der Zielgruppe 60plus) eingesetzt.

Lernhilfen
Lernhilfen ermöglichen neue Einsichten, die sich wesentlich nachhaltiger im Gedächtnis der Zielgruppe einprägen können als die oben beschriebenen Merkhilfen.

◆ **Einsatz von Modellen**
Ein großer Teil unserer erlernten Verhaltensschemata resultiert aus der Imitation von Personen, die wir besonders schätzen und/oder die uns ein Vorbild sind. Prominente in der Werbung übernehmen diese Vorbildfunktion zum Teil sehr effektiv und können selbst eingefahrene Denkschemata in der Zielgruppe verändern. *„Wenn der/die nette (sympathische, kompetente etc.) XY das Produkt nutzt, muss es besser sein, als ich dachte",* überlegt sich der anfangs skeptische Kunde – und kauft.
Allerdings spielt die richtige Auswahl des Modells eine entscheidende Rolle: Nicht jeder Prominente hat für jedes Produkt oder Thema eine gleich hohe Glaubwürdigkeit und Kompetenz. Noch wichtiger als die Sachkompetenz ist meistens die Frage, ob die jeweilige Person in der Zielgruppe einen hohen Sympathiefaktor besitzt und im Trend liegt („Glamourfaktor").

◆ **Ermöglichung eigener Erfahrungen**
Proben, Produkttests, die Teilnahme an Produktshows und Events machen das Produkt erlebbar und beeinflussen Kaufentscheidungen nachhaltig. Erfahrungen, die der Mensch selbst macht, aktivieren wesentlich stärker als theoretisches Wissen. Werbeaktionen, die darauf abzielen, dem Kunden eigene (positive) Einsichten in das Produkt, seine Wirkweisen und Erlebniseigenschaften

zu ermöglichen, sind zuverlässige Garanten für einen hohen Werbeerfolg.

Verständnishilfen

Nicht immer versteht man die Botschaft einer Werbung auf Anhieb. Bildsymbolik wird unterschiedlich interpretiert, Texte schon mal missverstanden. In diesen Fällen helfen so genannte Verständnishilfen, die besonders im Rahmen der informativen Werbung wichtig sind, da es hier (mehr als in der emotionalen Werbung) darum geht, Nachvollziehbarkeit zu erreichen.

In Abhängigkeit davon, ob die Werbung text- oder bildlastig ist, kommen folgende Verständnishilfen zum Einsatz:

- **Deskriptive Bilder**
  Bei textlastiger Werbung sorgen deskriptive Bilder (z.B. Produktabbildungen oder „Moods", also Stimmungsbilder, die eine bestimmte Atmosphäre besser begreifbar machen), für noch mehr Klarheit. *„Don't tell me, show me!",* fordern viele Kunden. Und sie haben Recht: Was man sieht, kann man besser verstehen als das, was man lediglich hört.

- **Erklärende Texte**
  Bildern fehlt oft eine klare Aussage. Deshalb werden sie in der Werbung auch (fast) immer mit einem meist kurzen, erklärenden Copytext kombiniert. Dies erleichtert dem interessierten Betrachter die richtige Interpretation der visuellen Botschaft.

Handlungsverstärker

Das stetige Streben nach Effizienz macht auch vor der Werbung nicht halt. Der Verkauf als Werbeziel hat in vielen Unternehmen das Werbeziel „Imageaufbau" vom obersten Platz der Zielhierarchie verdrängt. Werbung will heute wieder stärker den direkten Absatz fördern. Zu diesem Zwecke werden immer häufiger so genannte Handlungsverstärker in Kampagnen und Aktionen eingebaut. Besonders beliebte Kaufbeschleuniger sind:

Coupons

Ein Coupon ist ein Gutschein, der den Inhaber zum preisreduzierten oder kostenlosen Erwerb einer bestimmten Ware berechtigt oder ihm einen sonstigen Vorteil verschafft (z.B. den Zutritt zu einer VIP-Lounge, die ohne den Coupon nicht zugänglich wäre).

Coupons finden sich in der Werbung in vielen Formen, z.B. als Couponbeilagen in Zeitschriften oder Branchenbüchern, als Gutscheinbücher, auf Kassenbons, in Direct Mailings, auf Warenverpackungen, als E-Coupons (dies sind Coupons, die man sich aus dem Internet herunterladen und ausdrucken kann) oder auch als SMS-Coupons (es handelt sich dabei meist um Zahlencodes oder grafische Symbole, die per SMS an den Empfängerkreis verschickt werden).

Für den Verbraucher bringt Couponwerbung durchaus Vorteile. Im Gegensatz zu vielen anderen Werbeformen bietet diese Art der Werbung der Zielgruppe meist einen echten Mehrwert.

Attraktive Preise

Was man bisher fast ausschließlich von der typischen Handelswerbung kannte, findet nun auch in der klassischen Imagewerbung immer öfter statt: Preisnennungen. Die psychologisch geschickte Gestaltung der Preise ist dabei sehr wichtig.

Folgende „Tricks" kommen häufig zum Einsatz:
- Preise, die auf „9" oder „99" enden (= so genannte Schwellenpreise), werden in der Regel als wesentlich günstiger empfunden als die entsprechenden aufgerundeten Preise, obwohl der tatsächliche Preisunterschied nicht wirklich nennenswert ist. Außerdem neigen Men-

schen dazu, sich nur die erste Ziffer eines Preises zu merken und die Nachkommastelle im Geiste abzurunden. Dies gilt vor allem für niedrigpreisige Mitnahmeartikel oder Produkte des täglichen Bedarfs, wie Lebensmittel, Hygieneartikel etc.

- Besondere (farbliche) Hervorhebung der Preise: Insbesondere die Farbe Rot hat Signalwirkung. Ein Preis, der „rot" ist oder der auf einem roten Grund steht, wird automatisch als Sonderangebot identifiziert. Textzusätze, wie „Preishit" oder „Preisschlager" verstärken diesen Effekt.
- Komplettpreise als Anreiz: Ein attraktiver Komplettpreis wirkt immer günstiger als die Summe der verschiedenen Einzelpreise.
- Günstige Einstiegspreise als Lockmittel: Bei manchen Produkten verdient der Hersteller an den laufenden Folgekosten, nicht am Verkauf des eigentlichen Produktes. Ein günstiger Produktpreis soll den Kunden zum Kauf bewegen. Die Kosten für die Nutzung des Produktes sind dann der eigentliche Profit des Herstellers. Beispiel: Tintenstrahldrucker gibt es (teilweise) sehr günstig zu erwerben, die Tinte ist dann allerdings vergleichsweise teuer.

Gewinnspiele

Gewinnspiele sind in der Werbebranche sehr beliebt. Und auch die Verbraucher schätzen das Spiel um die schönen Preise. Pro Jahr nehmen etwa drei Viertel aller Bundesbürger über 18 Jahre an mindestens einem Gewinnspiel oder Preisausschreiben teil. Die werbenden Unternehmen setzen Gewinnspielpromotions als direkte Verkaufsbeschleuniger ein, um den Bekanntheitsgrad zu steigern und Adressen für spätere Direktmarketingaktivitäten zu gewinnen.

Die kaufbeeinflussende Wirkung von Gewinnspielen wird aber häufig überschätzt. Gewinnspiele dürfen in Deutschland nicht an einen Warenabsatz gekoppelt sein. Bei der Durchführung von Gewinnspielen ist zudem darauf zu achten, dass kein „psychologischer Kaufzwang" auf die Teilnehmer ausgeübt wird (z.B. darf durch die Teilnahmebedingungen nicht der Eindruck entstehen, dass nur derjenige eine Gewinnchance hat, der ein bestimmtes Produkt kauft).

Zugaben / Werbegeschenke
Kleine Geschenke erhalten bekanntlich die Freundschaft (und auch bestehende gute Kundenbeziehungen). Doch wie stark können sie unsere Kaufentscheidungen beeinflussen? Zugaben setzen immer dann einen wichtigen Kaufimpuls, wenn die Produkte, die wir in die engere Wahl ziehen, preislich und auch qualitativ gleichwertig sind. Die Zugabe bedeutet dann einen Mehrwert, der unsere Kaufentscheidung durchaus begünstigen kann.
Generell gilt: Je wertvoller das Werbegeschenk in den Augen des Kunden ist, desto größer ist sein Einfluss auf die Kaufentscheidung. Zugaben dürfen jedoch keine so starke Begehrlichkeit auslösen, dass der Kunde gar nicht anders kann, als das Produkt zu kaufen (psychologischer Kaufzwang).

Limitierte Angebote
Limitierte Angebote sind eine starke Versuchung. Sie spielen mit dem Wunsch vieler Menschen nach Exklusivität. Durch das limitierte Produkt kann sich der Käufer von der Masse abheben, seine Individualität beweisen. Doch auch hier gilt: Das Produkt selbst muss eine starke Begehrlichkeit auslösen. So wird sich z.B. niemand ohne Motorradführerschein ein Motorrad kaufen, nur weil es ein bestimmtes Prestigemodell in limitierter Auflage gibt. Weckt das Produkt aber starke individuelle Begehrlichkeiten, lassen sich über die Limitierung des Angebotes in der Regel nicht nur Kaufanreize setzen, sondern auch höhere Verkaufspreise realisieren.

„Sahnehäubchen"
(nachträgliche Erhöhung der Wertigkeit)
Ein guter Wein wirkt exklusiver, wenn er in einer hochwertigen Holzkiste präsentiert wird. Ein Designer-Kugelschrei-

ber macht sich in einem schönen Lederetui doch gleich noch besser.

Möglichkeiten, eine hohe Produktqualität zu signalisieren, gibt es viele: teure Verpackungen, Gütesiegel und Medaillen als Produktanhänger oder Aufkleber, beigelegte Zertifikate, Kundenkarten mit VIP-Status etc.

Nicht selten werden zögerlichen, aber grundsätzlich kaufwilligen Kunden im Handel solche „Sahnehäubchen" nachträglich angeboten.

Beispiel Weinhandel: *„Wenn Sie diesen Wein kaufen, gebe ich Ihnen diese exklusive Geschenkbox noch dazu…"* Nach einem solchen Angebot fällt die Entscheidung doch deutlich leichter, oder?

Kaufbeschleuniger im Handel

Als effektive Kaufbeschleuniger speziell im Handel gelten

- abwechslungsreiche Sortimente,
- echte Neuheiten und originale Produkte, die nicht überall erhältlich sind (Befriedigung der Lust nach Neuem),
- eine aktivierende Warenpräsentation, die auch gezielt einzelne Produkte zur Geltung bringt (Erleichterung der Orientierung/Präferenzbildung),
- Saison- und Anlassorientierung des Sortimentes (Anknüpfung an relevante, aktuelle Kaufmotive),
- emotionale Reize, wie Beduftung des Verkaufsraums, stimulierende Musik, Verkostungsaktionen, ansprechende Dekoration etc. (Befriedigung des Bedürfnisses nach angenehmer Stimulanz),
- sympathisches Verkaufspersonal (Befriedigung des Bedürfnisses nach Anerkennung und Wertschätzung sowie guten sozialen Beziehungen).

5.3 Die Grenzen der Beeinflussbarkeit

Wenn Sie sich nun fragen, wie sehr Sie selbst den Einflüssen der Werbung unterliegen und wie wirksam Sie die vorgestellten Techniken für Ihre eigenen Zwecke nutzen können, sollten Sie sich immer eines bewusst machen:

> Die externe Beeinflussbarkeit des Menschen hat ihre Grenzen!

Mit Ausnahme der Ausübung extremen Drucks (Bedrohung für Leib und Leben), die aber nun wirklich nichts mit kommerzieller Werbung zu tun hat, kann kein Mensch zu einer Handlung motiviert werden, zu der er nicht innerlich bereit ist.

> Jedes Verhalten, so auch jeder Kaufakt, ist letztlich ein Resultat unserer innersten Handlungsmotivationen. Ohne Anknüpfung an einen inneren Beweggrund kann auch die kreativste Werbung keinen Kunden zum Kauf verführen.

Man kann somit resümieren: Effektive Werbung „kitzelt" erfolgreich unsere ureigenen, uns vielfach gar nicht bewussten Handlungsmotive.

Die Macht der Emotionen
Wie wichtig sind Gefühle in der Kommunikation?

Die Frage: *„Informative oder emotionale Werbung – welche Strategie wirkt besser?"* bewegt immer wieder die Gemüter der Werbefachleute. Die einen bevorzugen den Weg der Überzeugung, die anderen setzen auf die Macht der Gefühle.

Fakt ist: Es gibt keine klare Entscheidung für die eine oder die andere Alternative. Welche Strategie man letztlich wählt, hängt immer davon ab, wie stark das aktive Informationsinteresse (Involvement) der Zielgruppe hinsichtlich des beworbenen Produktes ist. Bei einem geringen Involvement wird Werbung häufig sehr emotional gestaltet, um überhaupt eine Wirkung erzielen zu können.

Aber auch bei einem hohen Involvement der Zielgruppe verzichtet die Werbung nie komplett auf Emotionen, denn diese sind der Motor für alle wichtigen Informationsverarbeitungsprozesse des Menschen:

Emotionen beeinflussen unsere Wahrnehmung

Der menschliche Organismus wird durch Gefühle aktiviert. Der Grad der emotionalen Aktivierung entscheidet über den Grad der Aufmerksamkeit, die wir einer Information (also einer Werbung, einem Brief, einer E-Mail etc.) sowie dem Sender der Information schenken. Bei einer gering involvierten Zielgruppe dringen nur die Botschaften ins Bewusstsein vor, die stark aktivieren. Schwache Reize haben in der Informationsflut kaum eine Chance, bemerkt zu werden.

Emotionen bestimmen unsere Einstellung

Der emotionale Gehalt einer Information hat Einfluss auf die Bewertung ihres Inhalts sowie ihres Senders. Emotionale Werbung ist geeignet, ein Produkt (oder auch ein Unternehmen) emotional aufzuladen. Dem beworbenen Produkt wird – nach ausreichender Werbewiederholung – genau die emotionale Wirkung zugeschrieben, die in der Werbung gezeigt wurde (z.B. ein Gefühl von Abenteuer, Freundschaft, Glück, Sicherheit etc.).

Dabei spielt es keine Rolle, ob das beworbene Produkt tatsächlich in der Lage ist, diese Wirkung auch zu erzielen (die thematische Anbindung sollte aber zumindest plausibel nachvollziehbar sein).

Eine bekannte Brauerei verknüpft schon seit Jahren sehr erfolgreich ihre Biermarke mit dem Erlebnis von Freiheit. Nun weiß aber jeder, dass der reine Bierkonsum dieses Gefühl gar nicht vermitteln kann (... mal abgesehen von der Wirkung eines zu intensiven Bierkonsums ...). Alleine durch die werbebedingte emotionale Aufladung des Produktes erwirbt das Produkt diese Eigenschaft.

Auf negative Reize wird in der Werbung aus dem gleichen Grund weitgehend verzichtet. Denn diese können sich ebenfalls leicht auf das beworbene Produkt übertragen. In der Werbepraxis werden daher deutlich mehr Kampagnen, die mit positiven Produkterlebnissen arbeiten, kreiert als solche, die Problemsituationen thematisieren.

Emotionen beeinflussen Erinnerung und Lernen

Emotionen erhöhen die Gedächtnisleistungen und vereinfachen das Lernen. Dies konnte in zahlreichen Untersuchungen belegt werden.

Erstens werden gefühlsbetonte Informationen besser wahrgenommen und leichter erinnert als gefühlsneutrale (sachliche) Informationen.

Zweitens führen starke Emotionen – sowohl angenehme als auch unangenehme – zu einer besseren Erinnerungsleistung als schwache Emotionen.

Bei den Untersuchungen zur Wirkung von Emotionen auf die Informationsaufnahme und -speicherung wurde ferner der so genannte Stimmungskongruenz-Effekt festgestellt: Positiv gestimmte Menschen verarbeiten positive emotionale Reize leichter, während negativ eingestellte Personen vor allem das Negative in ihrer Umgebung bemerken.

Auf den Punkt gebracht

Geheime Verführer:
Mit diesen Techniken beeinflusst Werbung

- Werbung kennt grundsätzlich zwei Wege zum Ziel: den Weg des (rationalen) Überzeugens und den Weg der Emotionen. Der erste führt über unser Bewusstsein, der zweite über unser Unterbewusstsein. Analog dazu gibt es zwei Basisstrategien der Werbung: die informative Werbung und die emotionale Werbung.
- Die informative Werbung ist geprägt durch Text beziehungsweise Sprache. Logische Argumente sollen dem Kunden viele gute Gründe zum Kauf liefern.
- Die emotionale Werbung ist durch das „Nicht-Sprachliche" geprägt: Bilder, Töne, Düfte, Haptik. Sie wirkt implizit, das heißt auf der Gefühlsebene, und vor allem darüber, dass sie an unsere innersten, vielfach unterbewussten Handlungsmotivationen anknüpft.
- In Abhängigkeit von der gewählten Basisstrategie kommen unterschiedliche Beeinflussungstechniken zum Einsatz.
- Aufmerksamkeitsverstärker, wie z.B. Lautstärke, visuelle Effekte, Größe, Sexappeal, werden immer dann eingesetzt, wenn die Zielgruppe gering involviert ist und man sicherstellen möchte, dass die Werbung im Werbeumfeld tatsächlich auffällt.
- Glaubwürdigkeitsverstärker sind vor allem im Rahmen der informativen Werbung wichtig. Es geht darum, zu begründen oder zu beweisen, warum die sachlichen Kaufargumente stimmen. Ferner sind für die informa-

tive Werbung Identifikationshilfen, Lern- und Merkhilfen sowie Verständnishilfen relevant. Diese Beeinflussungstechniken zielen auf die Erhöhung der kognitiven Leistungsfähigkeit bei der Verarbeitung von Informationen.

◆ Erlebnistechniken und emotionale Appelle sind im Rahmen der emotionalen Werbung von Bedeutung. Erlebnistechniken laden Produkte mit (positiven) Gefühlen auf, genau wie die emotionalen Appelle, die jedoch einen stärkeren Aufforderungscharakter besitzen.

◆ Verständnishilfen sind beschreibende Bilder oder erklärende Texte, die besonders im Rahmen der informativen Werbung die Botschaft nachvollziehbarer machen.

◆ Handlungsverstärker kommen unabhängig von der gewählten Basisstrategie zum Einsatz, haben aber vor allem in der informativen Werbung ihre Berechtigung, da diese im Vergleich zur emotionalen Werbung weniger stark aktiviert. Gut gemachte emotionale Werbung setzt per se einen starken Handlungsanreiz („*Will ich haben*"-Effekt) und kommt unter Umständen ganz ohne zusätzliche Verstärker (z.B. Preisangebote) aus.

6 Werbepsychologie für Job und Alltag

So kommt Ihre Botschaft an!

Sie haben nun einiges über die Grundlagen der menschlichen Kommunikation im Allgemeinen sowie der werblichen Kommunikation im Speziellen erfahren.
Das erworbene Wissen können Sie nun auf verschiedene Kommunikationssituationen im Job oder Alltag anwenden.

Auf den folgenden Seiten erfahren Sie, wie Sie die Techniken der Werbung für Präsentationen, Seminare und Schulungen, in Verkaufs- und Beratungsgesprächen sowie zur Lösung von Konfliktsituationen für sich nutzen können.

Zunächst ein kurzer Überblick:

Situation	Vorrangige Kommunikationsziele	Psychologische Grundlagen	Relevante Beeinflussungstechniken
Präsentationen	Aufmerksamkeit wecken, Interesse aufrechterhalten, Informieren, Botschaft platzieren, Verständnis erreichen.	Psychologie der Wahrnehmung, Deutung und Bewertung, inneres Erleben, Erinnern und Vergessen.	Aufmerksamkeitsverstärker, Glaubwürdigkeitsverstärker, Verständnishilfen.

Seminare/Schulungen	Wie bei Präsentationen; zusätzlich: möglichst nachhaltige Lerneffekte erzielen	Psychologie des Lernens	Lernhilfen (insb. Lernen durch Einsicht)
Verkauf/Beratung	Wie bei Präsentationen; zusätzlich: Überzeugen, Begeistern, Motivieren, zum Kauf animieren.	Psychologie der Handlungsbereitschaft und des Handelns	Glaubwürdigkeitsverstärker, Verständnishilfen, Erlebnistechniken, emotionale Appelle, Lernhilfen (Lernen durch Einsicht).
Konfliktlösung	Basis für einen Dialog schaffen, eingefahrene Denkmuster verändern.	Psychologie des Lernens	Lerntechniken, Glaubwürdigkeitsverstärker, Verständnishilfen.

6.1 Werbepsychologie für Präsentationen

In Präsentationen und Vorträgen geht es Ihnen vor allem um eines: um die Aufmerksamkeit Ihres Publikums. Sie werben um Gehör für Ihre Sache, wollen informieren, Verständnis erreichen und überzeugen.

So erzielen Sie Aufmerksamkeit:

Reden Sie nicht über etwas, das niemanden interessiert. Dies ist das wichtigste Rezept gegen unangenehme Präsentationsflops.

> Bereiten Sie das Präsentationsthema nie ausschließlich aus Ihrer Perspektive auf, auch wenn Sie strikte Ziele verfolgen.

Niemand, für den Ihre Botschaft völlig irrelevant ist, wird Ihnen lange zuhören. Machen Sie das Publikum frühzeitig betroffen. Stellen Sie klar, dass das Thema alle Anwesenden etwas angeht.

Schon der Titel der Präsentation sollte für die Zielgruppe möglichst interessant klingen. Bedenken Sie: Der Titel steht ganz zu Beginn Ihrer Präsentation. Er ist vielleicht schon zu sehen, wenn Sie den Raum noch gar nicht betreten haben. Der Präsentationstitel sollte Ihnen einen denkbar guten Einstieg bieten. Dies erreichen Sie zum Beispiel durch die Bezugnahme auf

- ein aktuelles Problem oder eine drängende Frage Ihres Publikums,
- einen konkreten Nutzen für Ihr Publikum,
- einen (geheimen, unterbewussten) Wunsch Ihres Publikums,
- ein aktuelles Ereignis, das Ihr Publikum interessiert und mit dem sich das Präsentationsthema verknüpfen lässt.

Ein Beispiel:

Stellen Sie sich vor, Sie sollen einen Vortrag zum Thema *"Präsentationstechniken im Verkauf"* halten. Der genaue Titel der Präsentation steht noch nicht fest. Sie überlegen nun mögliche Varianten. Suboptimal ist ein zu allgemeiner Titel, der einfach nur das Thema nennt, ohne auf die Erwartungen und Wünsche des Publikums Bezug zu nehmen (*"Präsentationstechniken im Verkauf"*). Besser wäre ein konkreter Problembezug (*"Präsentationspannen im Verkauf vermeiden"*), der Ausweis eines direkten Nutzens (*"Schneller Verkaufen durch gelungene Kundenpräsentationen"*), ein Appell an die geheimen Wünsche der Anwesenden (*"Souverän präsentieren – Tipps und Tricks der Profis"*) oder der Bezug auf ein aktuelles Ereignis. Dies muss mit dem Präsentationsthema gar nicht mal viel zu tun haben, sollte aber den Teilnehmerkreis stark aktivieren (*"Werden Sie zum Verkaufs-Weltmeister durch professionelles Präsentieren"* – ideal, wenn die Fußball-WM oder eine andere interessante Weltmeisterschaft kurz bevorsteht).

Nicht nur der Titel, sondern auch die Kernbotschaft Ihrer Präsentation sowie alle anderen wesentlichen Präsentationsinhalte müssen aus Sicht des Publikums relevant sein.

Optimal ist Ihre Präsentation, wenn Sie es schaffen, die Aufmerksamkeit des Publikums über die gesamte Präsentationsdauer zu fesseln. Wie kann dies gelingen?

Dramaturgie

Durch den dramaturgischen Aufbau einer Präsentation kann die Aufmerksamkeit des Publikums gehalten und signifikant gesteigert, aber auch vernichtet werden. Folgende dramaturgische Präsentationsmuster gelten als Garanten für ein beständiges Publikumsinteresse:

- **Zuspitzung auf einen Höhepunkt**
  Diese Technik beeindruckt und begeistert. Die Spannung wird sukzessive aufgebaut: Nach und nach werden immer interessantere Informationen geboten, bis letztlich ein Höhepunkt erreicht ist. Die Technik ist z.B. ideal für Neuproduktpräsentationen, an deren Höhepunkt das „Erleben des Produktes" (Anfassen, Ausprobieren etc.) steht.

- **Puzzle-Technik**
  Dem Publikum wird gleich zu Beginn der Präsentation genau das gezeigt, wonach es sucht: Die ideale Lösung! Wie diese Lösung erreicht werden kann, wird dann in

„kleinen Stückchen" offenbart. Das Publikum ist gezwungen, sich bis zum Schluss zu konzentrieren. Je erstrebenswerter das Endergebnis, desto ausdauernder werden Ihre Zuhörer sein.

- **Logische Abfolge**
  Es handelt sich dabei um eine ähnliche Methode wie die Puzzle-Technik. Zu Beginn der Präsentation wird jedoch lediglich das Problem, nicht aber die Lösung präsentiert. Diese erfahren die Zuhörer erst am Schluss, quasi als Ergebnis mehrerer logisch aufeinander aufbauender Schritte.

- **Story Telling**
  Das Story Telling (vgl. Kap. 5.1) ist in der aktuellen Werbepraxis sehr trendy und gilt auch in Präsentationen als Garant für einen hohen Erfolg. Wenn Sie Story Telling in Business-Präsentationen einsetzen möchten, sollten Sie auf drei Dinge achten:
  – Die Story sollte real sein, d.h., sie sollte auf nachprüfbaren Fakten beruhen.
  – Die Story sollte mitreißen und möglichst auch auf emotionaler Ebene wirken (langweilige, blutleere Storys will wirklich niemand hören).
  – Die Story muss für das Publikum einen praktischen Nutzen haben.

Highlights setzen
Als zusätzliche Aufmerksamkeitsverstärker können Sie so genannte „Highlights" einsetzen. Denkbar ist grundsätzlich alles, was von den normalen Präsentationsstandards abweicht und zum Präsentationsthema sowie zum dramaturgischen Ablauf passt. Hier einige Beispiele:
- Sehr ungewöhnliche visuelle Effekte auf Basis einer neuen Präsentationstechnik.
- Multisensorik, also Hören, Sehen, Riechen, Fühlen, Schmecken, Ausprobieren etc.

- Aktive Einbindung des Publikums (statt nur passives Konsumieren). Dies kann z.B. erreicht werden durch Fragen an das Publikum, Ideenlisten, die herumgegeben werden, Arbeitsblätter, die direkt vor Ort ausgefüllt und ausgewertet werden. Man erreicht hierdurch ein höheres Involvement der Zuhörer.
- Etwas austeilen, das man mitnehmen kann (z.B. ein Produktmuster, ein Foto von allen Teilnehmern, das im Foyer gemacht wurde etc.).
- Ein Ereignis, mit dem das Publikum nicht rechnet (Vorsicht: Es sollte eine angenehme Überraschung sein!), z.B. ein Prominenter als Co-Referent.
- Ein außergewöhnlicher Rahmen (z.B. eine ungewöhnliche Location, Dekoration etc.), den man den gesamten Zeitraum über genießen möchte, sodass man gar keine Lust verspürt, die Veranstaltung vorzeitig zu verlassen.

So steigern Sie Ihre Glaubwürdigkeit:

Der wichtigste Glaubwürdigkeitsverstärker in einer Präsentation sind – neben Zahlen, Daten, Fakten, Begründungen, Beweisen, Fallbeispielen, Referenzen etc. – Sie selbst! Ihre Qualitäten als Redner können Ihnen das Leben einfach, aber auch schwer machen. Versuchen Sie alles in Ihrer Macht Stehende, um die Akzeptanz Ihres Publikums zu gewinnen. Dies heißt allerdings nicht, dass Sie sich anbiedern oder jedermann nach dem Mund reden sollen. Aufgrund der unterschiedlichen „Typen", die in jedem Publikum sitzen, können Sie es ohnehin nicht jedem recht machen. Wenn Sie Erfolg haben wollen, lassen Sie aber keine Sekunde Ihres Auftritts einen Zweifel an Ihrer Kompetenz aufkommen.

Untermauern Sie Ihre Souveränität durch ein selbstbewusstes, sympathisches (also nicht überhebliches) Auftreten. Jedes Detail zählt: Ihre Kleidung, Ihre Frisur, Ihre Gestik, Ihre Wortwahl, Ihre Art zu präsentieren.

Auch die Form, wie Sie sich dem Publikum vorstellen, hat großen Einfluss auf Ihren Präsentationserfolg. Sorgen Sie dafür, dass das Publikum weiß, warum gerade Sie über das Thema referieren. Investieren Sie etwas Zeit, um sich selbst und Ihre Kompetenz bezüglich der Thematik darzustellen, aber tragen Sie nicht zu dick auf. Gehen Sie dezent vor, indem Sie z.B. den Teilnehmerunterlagen als erstes Blatt eine kurze, aber aussagekräftige Vita beilegen.

Am besten stellen Sie sich gar nicht selbst vor, sondern überlassen dies einem geübten Moderator. (Sie kommen dann gar nicht erst in die Verlegenheit, sich selbst zu loben, was hierzulande ja immer noch sehr verpönt ist.)

Wenn Sie nicht oft präsentieren oder grundsätzlich unter hohem Lampenfieber leiden, ist eine optimale Vorbereitung sehr wichtig. Diese gibt Ihnen die nötige Selbstsicherheit, die Sie brauchen, um vor einem kritischen Publikum bestehen zu können. Dazu einige Tipps:

- Üben Sie Ihre Präsentation. Dadurch fühlen Sie sich automatisch sicher.
- Überlegen Sie im Vorfeld, wie Sie sich beim Publikum vorstellen (lassen). Zum guten Ton in Businesspräsentationen gehört es, sich mit seinem Vor- und Nachnamen vorzustellen (amerikanischer Stil), ebenso das Unternehmen, in dem Sie arbeiten, sowie die Funktion bzw. Position, die Sie dort bekleiden. Persönliche Informationen (z.B. ob Sie verheiratet oder ledig sind) gehören nicht unbedingt in eine geschäftliche Präsentation, sie sind aber in Ordnung, wenn Sie eine sehr persönliche Atmosphäre aufbauen möchten.

Achten Sie darauf, dass Ihre Vorstellung nicht zur reinen Selbstdarstellung gerät. Letztlich ist das Publikum primär an dem Thema der Präsentation interessiert. Halten Sie die bewährte „10-70-20-Regel" ein: Zehn Prozent der gesamten Zeit für die Einleitung (Begrüßung, Vorstellung, Einführung in das Thema), 70 Prozent der Zeit für den Hauptteil (Schwerpunktthema), 20 Prozent der Zeit für den Abschluss (Zusammenfassung, Fazit, Schlussappell, Verabschiedung, Dank an das Publikum).

- Nehmen Sie eine positive Einstellung zu Ihrem Publikum sowie zu der Thematik, die Sie präsentieren, ein. Ihre konstruktive innere Haltung werden Sie automatisch in eine offene, souveräne Körpersprache umsetzen.
- Passen Sie Ihr äußeres Erscheinungsbild (Kleidung, Frisur, Schmuck etc.) dem Präsentationsanlass an. Hüten Sie sich vor einem schlampigen Auftritt, aber kommen Sie auch nicht „overdressed". Kleiden Sie sich am besten immer so, wie Sie von Ihrem Publikum akzeptiert werden wollen.
- Kümmern Sie sich auch um das äußere Umfeld der Präsentation. Sind die Räumlichkeiten, die Bestuhlung, die Lichtverhältnisse, das Catering etc. geeignet, um ein positives „Präsentationsklima" zu schaffen?

So wird Ihre „Botschaft" verstanden und erinnert:

Verwenden Sie in Präsentationen ausschließlich verbale und visuelle Elemente, die leicht verstanden werden und sich einprägen. Wie Sie wissen, werden Bildinformationen schneller aufgenommen und erinnert als reiner Text.
Da Sie als Präsentierender jedoch nicht auf Sprache verzichten können, sollten Sie sich in der Kunst der „bildhaften Rede" üben (vgl. dazu Punkt 4.4). Mit der Auswahl der richtigen Schlüsselwörter steht und fällt Ihr Erfolg.

Ein Tipp:

> Wenn Sie die Kernbotschaften Ihrer Präsentation entwickeln, notieren Sie sich zeitgleich Ihre spontanen Ideen zu geeigneten Sprach- und Bildcodes.

Damit sich Ihre Botschaft auch einprägt, sollten Sie auf den Reihenfolgeeffekt der Gedächtnisleistung achten (vgl. Punkt 4.4): Ihre Kernbotschaft muss zeitlich am Ende, idealerweise auch am Anfang der Präsentation platziert sein. Zu diesen

Zeitpunkten ist die Aufmerksamkeit Ihres Publikums am größten. Auch während der Präsentation sollten Sie Ihre wichtigsten Kernaussagen mehrfach einstreuen. Verzichten Sie dabei auf zu viele wörtliche Wiederholungen, sondern verpacken Sie Ihre Botschaften immer wieder anders, z.B. visuell durch Grafiken oder Bilder sowie rhetorisch durch verschiedene Schlüsselwörter, Statements und Schlussfolgerungen.

6.2 Werbepsychologie für Seminare und Schulungen

Zur Vorbereitung und Durchführung von Schulungsmaßnahmen bietet die Werbepsychologie viele wertvolle Erkenntnisse. Grundsätzlich sind die Empfehlungen zum Thema „Präsentationen" auch für den Trainingsbereich gültig.
Als Seminarleiter/in müssen Sie sich im Vergleich zu einem Vortragenden jedoch noch etwas mehr anstrengen, denn schließlich geht es Ihnen darum, Ihr Publikum nicht nur zu informieren, sondern auch die Anwendung und Festigung des neu erworbenen Wissens sicherzustellen.
Wenn eingefahrene Verhaltensmuster, die nicht mehr ins moderne Business passen, aufgebrochen und durch innovativere Arbeitstechniken ersetzt werden sollen, steht man als Trainer/in vor einer ganz besonderen Herausforderung. Hier gilt es, so genannte „Aha-Erlebnisse" zu inszenieren, d.h. für neue Einsichten zu sorgen, die den einzelnen Teilnehmer aus eigener Motivation dazu veranlassen, sein Verhalten zu überdenken, zu erweitern und gegebenenfalls grundlegend zu ändern.
Alle unter Punkt 4.5 beschriebenen Lerntechniken können grundsätzlich zum Einsatz kommen, wenn es um den Erwerb oder die Änderung neuer Verhaltensweisen geht. Das „Lernen durch Einsicht" erzielt in Seminaren stets die nachhaltigste Wirkung, setzt aber die höchste kognitive Leistung sowie die stärkste Bereitschaft der Teilnehmer, sich aktiv an der Schulung zu beteiligen, voraus.

Neue Einsichten können die Teilnehmer einer Schulung letztlich nur selbst generieren. Einen ganz wichtigen Part innerhalb von Schulungsmaßnahmen nehmen deshalb interaktive Trainingssequenzen ein, die jeder Seminarleiter gezielt und gut dosiert in die Agenda einbauen sollte.

Führen Sie sich folgende Erkenntnis aus der Wahrnehmungspsychologie immer wieder vor Augen:

Man lernt am besten mit allen Sinnen

Vorausgesetzt, eine Information (so auch neues Wissen) ist für den Empfänger grundsätzlich relevant, dann behält der Empfänger etwa

- zehn Prozent der Information, wenn sie rein akustisch aufgenommen wird,
- 20 Prozent der Information, wenn sie rein visuell aufgenommen wird,
- 50 Prozent der Information, wenn sie akustisch und visuell aufgenommen wird,
- 70 Prozent der Information, wenn sie wiederholt wird (in Gedanken oder explizit formuliert),
- 90 Prozent der Information, wenn sie direkt angewendet wird.

Fazit: Für einen optimalen Trainingserfolg inszenieren Sie Ihre Schulungen am besten „multisensorisch", wiederholen Sie die wichtigsten Wissensbausteine in interessanter Art und Weise und bauen Sie praktische Übungen oder andere interaktive Elemente (z.B. Diskussionen, Erfahrungsaustausch etc.) ein.

Noch ein Tipp: Integrieren Sie in alle Trainingsmaßnahmen, die länger als zwei Stunden dauern, interaktive Elemente nicht erst in die Schlussphase, sondern bereits in den Hauptteil der Schulung. Faustregel ist: Auf 30 Minuten Wissensvermittlung sollte ein interaktives Element folgen. Dies kann z.B. eine offene Frage an das Publikum oder auch eine kurze Übung sein. Intensivere Übungen sollten Sie zeitlich nicht zu dicht hintereinander legen. Achten Sie auf eine abwechslungsreiche Trainingsmethodik. Setzen Sie unterschiedliche Trainingsmedien (Beamer, Flipchart, Pinnwände etc.) ein.

Interaktive Elemente in Seminaren und Schulungen (Beispiele)

Offene Fragen

Sie stellen direkte Fragen an einzelne Teilnehmer (bzw. an das Plenum), ohne mögliche Antworten vorzugeben. Die direkte Ansprache einzelner Teilnehmer „weckt" das Publikum (nicht nur den Angesprochenen) besonders stark auf.

Diskussion/Erfahrungsaustausch

Sie lassen das Publikum über eine (oder mehrere) von Ihnen aufgestellte These(n) diskutieren.

Sie lassen die Teilnehmer über ihre Erfahrungen mit der Thematik diskutieren.

Übungen/Aufgaben

Sie lassen das Publikum eine (oder mehrere) von Ihnen gestellte Aufgabe(n) bearbeiten, und zwar

- in Einzelarbeit,
- in Gruppenarbeit,
- im Plenum.

6.3 Werbepsychologie in Verkaufs- und Beratungsgesprächen

Der Verkauf ist der Werbung sehr ähnlich: In beiden Fällen gilt es, ein Produkt an den Mann (bzw. an die Frau) zu bringen. In Verkaufssituationen sind deshalb grundsätzlich alle für die Werbung relevanten psychologischen Grundlagen und Beeinflussungstechniken bedeutsam (vgl. insbesondere die Kap. 4 und 5).

Eine Besonderheit gibt es: Im Gegensatz zur klassischen Werbung, deren Botschaft in der Regel über Werbemedien vermittelt wird, haben Sie als Verkäufer den direkten, persönlichen Kontakt zum Kunden. Dies hat viele Vorteile, birgt aber auch Risiken.

Vorteilhaft ist, dass Sie auf die Wünsche und Einwände Ihres Gegenübers direkt reagieren können. Ein guter Verkäufer kann immer einschätzen, wie sein Kunde „tickt", und ihm entsprechende Angebote unterbreiten.

Riskant ist die Tatsache, dass der Verkaufsprozess niemals völlig emotionsfrei abläuft, genau wie der Werbewirkungsprozess.

Im Gegensatz zur Werbung, deren emotionale Wirkung im Vorfeld der Werbeplatzierung jedoch genauestens überdacht werden kann, sind die emotionalen Signale, die ein Verkäufer aussendet (also seine Mimik, Gestik, Körpersprache, Wortwahl, Argumentation, Stimmung etc.) immer situationsabhängig und somit nicht hundertprozentig kontrollierbar.

Die wichtigste Empfehlung, um keine negative Stimmung aufkommen zu lassen, ist:

> Konzentrieren Sie sich als Verkäufer nie allein auf den schnellen Verkaufsabschluss. Jeder einigermaßen sensible und nicht völlig naive Kunde bemerkt diese Absicht sofort und verzichtet lieber auf die „Beratungsdienste".

Psychologisch korrekt (und letztlich erfolgreicher) handeln Sie, wenn Sie effektiv auf den verschiedenen Vorstufen des Verkaufsabschlusses arbeiten und auf jeder Stufe die psychologisch wirkungsvollsten Signale senden.

Insgesamt lassen sich auf dem Weg zum Verkaufsabschluss fünf Stufen unterscheiden:

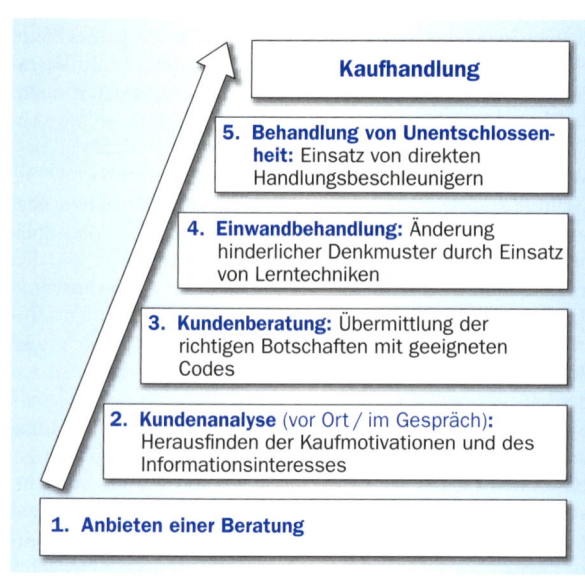

```
                                    Kaufhandlung

                        5. Behandlung von Unentschlossen-
                           heit: Einsatz von direkten
                           Handlungsbeschleunigern

                     4. Einwandbehandlung: Änderung
                        hinderlicher Denkmuster durch Einsatz
                        von Lerntechniken

                  3. Kundenberatung: Übermittlung der
                     richtigen Botschaften mit geeigneten
                     Codes

               2. Kundenanalyse (vor Ort / im Gespräch):
                  Herausfinden der Kaufmotivationen und des
                  Informationsinteresses

            1. Anbieten einer Beratung
```

Vorstufen des Verkaufsabschlusses (Quelle: AdCoach Academy)

Stufe 1: Anbieten einer Beratung

Bevor man etwas verkaufen kann, ist es wichtig, als Berater überhaupt wahrgenommen und in Anspruch genommen zu werden. Über diese erste Hürde stolpern nicht wenige Verkaufsfachleute.

Ein typischer Fall: Man betritt ein (Fach-)Geschäft und wird sofort von einem Verkäufer bedrängt, ob er irgendwie helfen kann. Spontan beschleicht einen das ungute Gefühl, dass er dies sicher nicht kann und mehr stört als nützt. Die Tatsache, dass Verkaufspersonal zur Verfügung steht und Kunden direkt anspricht, ist in der „Servicewüste Deutschland" sicher schon ein erster Schritt, aber keinesfalls ausreichend. Bestimmt haben Sie es selbst schon erlebt, dass Kunden eine Verkaufsberatung komplett ablehnen. (*„Nein,* *danke, ich möchte mich erst einmal umschauen"* – Dabei bleibt es dann meistens auch.). Die Ablehnung von Verkaufsberatung ist aus Verkäufersicht absolut suboptimal, den nachweislich kann eine persönliche Kundenberatung die Abschlussquote um bis zu 100 Prozent steigern.

Warum aber lehnen Kunden eine Verkaufsberatung ab? Die Gründe sind vielfältig. Einer der häufigsten Ursachen liegt in dem Tonfall des Verkäufers, der sein eigentlich freundlich gemeintes Angebot eher wie einen Befehl artikuliert und den eingeschüchterten Kunden dann auch noch auf Schritt und Tritt durch den Laden verfolgt. Manchem Verkäufer traut man zudem eine wirklich hilfreiche Beratung nicht zu, weil dieser es in der Eröffnungsfrage einfach verpasst hat, zu zeigen, dass er eine wichtige Hilfe sein kann.

So könnte ein Verkäufer in einem Fachgeschäft für Haushaltwaren einem jungen Paar, dass offensichtlich nach einem passenden Geschenk für die Hochzeit von Freunden sucht, statt wie üblich zu fragen: *„Kann ich Ihnen helfen?"*, alternativ anbieten, ihm die neuesten *„Trends rund um den gedeckten Tisch"* zu zeigen. Dieses Beratungsangebot würde bestimmt nicht abgelehnt, den niemand lässt sich gerne neue Trends entgehen.

Stufe 2: Kundenanalyse

Was will Ihr Kunde? Und was genau möchte er eigentlich über das Produkt wissen? Ohne Antworten auf diese Fragen können Sie nie wirklich gut beraten. Sie sollten daher – genau wie Ihre Kollegen aus der Werbung – die Kaufmotivationen und das Informationsinteresse Ihrer Kunden erforschen. Das direkte Kundengespräch bietet Ihnen hierfür die besten Möglichkeiten.

Kaufmotivanalyse
Das oben genannte Beispiel für ein optimales Beratungsangebot basiert auf der Kenntnis der konkreten Kundenprobleme und Wünsche. Vorsicht jedoch vor dem „Verhörstil".

Checkliste: Vorbereitung

Verkaufs-stufe	Verkäuferziel / To Do
Stufe 1: **Beratung anbieten**	**Ziel:** Als kompetenter, nützlicher Berater wahrgenommen werden.
	To Do (Beispiele): Eine konkrete Beratung bezüglich des Kaufwunsches anbieten (nicht nur eine allgemeine Beratung); Sachkompetenz und auch Gespür für die neuesten Trends beweisen (z.B. durch eine entsprechende Wortwahl, Hinweis auf Presseberichte, Produkttests, eigenes Outfit und Auftreten etc.).
Stufe 2: **Den Kunden verstehen**	**Ziele:** ◆ Die (wahren) Kaufmotivationen erkennen und ◆ den Informationsbedarf des Kunden richtig einschätzen.
	To Do (Beispiele): ◆ „Zwischen den Zeilen lesen" (Hinterfragen, welche Motive genau hinter den geäußerten Wünschen und Problemen des Kunden stecken); ◆ aus dem Kundenverhalten (Fragen, Produkthandhabung etc.) auf den Käufertyp und den Informationsbedarf schließen.
Stufe 3: **Den Kunden beraten**	**Ziel:** Dem Kunden das geben, was er wirklich braucht: Produktinformationen für Informationsdurstige, eine Vorstellung des „Produkterlebnisses" für emotionale Käufer. Die dafür richtigen „Codes" verwenden.

von Verkaufsgesprächen

	To Do (Beispiele): Für unterschiedliche Kunden unterschiedliche Beratungsstrategien entwickeln. Emotionale Käufer sollten z.B. nicht mit Fakten überladen werden. Hier lieber für Produkterlebnisse sorgen (z.B. Fühlen, Ausprobieren etc.). Nicht nur über die Erlebnisse reden, sondern multisensorisches Material bereithalten (z.B. Testmuster, Demofilme, Berichte/Fotos aus Lifestyle- oder Fachmagazinen etc.).
Stufe 4: **Einwandbehandlung**	**Ziel:** Hinderliche Denkmuster aufbrechen. **To Do (Beispiele):** ◆ Mögliche Einwände antizipieren. ◆ Argumente sammeln, eine adäquate Argumentation bereithalten. ◆ Bei hartnäckigen Einwänden zusätzlich Lerntechniken einsetzen (vgl. Lernen am Modell, Lernen durch eigene Einsicht).
Stufe 5: **Kauf beschleunigen / Kaufwunsch verstärken**	**Ziel:** Den interessierten Kunden dazu bewegen, nicht später, sondern jetzt zu kaufen. **To Do (Beispiele):** Geeignete Handlungsverstärker überlegen und diese stets verfügbar haben.

Die Kunden erwarten heute von einem kompetenten, erfahrenen Verkäufer in gewisser Weise, dass er ihre Bedürfnisse zumindest ansatzweise kennt. Statt einer offenen Frage (*„Darf ich fragen, was Sie genau suchen …?"*) ist es psychologisch geschickter, den Kunden durch eine geschlossene Frage zur Selbstoffenbarung zu bewegen. Beispiel: *„Suchen Sie vielleicht nach einem Geschenk?"* Hierauf wird er zunächst mit *„Ja"* oder *„Nein"* antworten und Ihnen dann den Grund seines Besuchs offenbaren.

Wichtig ist, dass Ihre Frage nicht völlig abwegig wirkt. Menschenkenntnis ist hier unbezahlbar, ebenso wie das Wissen um die möglichen Gründe, warum sich der Kunde überhaupt für ein bestimmtes Produkt interessieren könnte (z.B. dringender Eigenbedarf, Schenken, sich selbst etwas gönnen etc.).

Wenn Sie den Kaufgrund Ihres Kunden kennen, müssen Sie überlegen, welche tieferen Handlungsmotivationen hinter dem genannten Grund stecken. Denken Sie immer daran:

> Jedes rationale Kaufmotiv gründet immer auf einem oder mehreren emotionalen Handlungsmotiv(en).

„Ich will ein wirklich exklusives Geschenk kaufen", bedeutet gleichzeitig: *„Ich will jemand anderem zeigen, wie viel er mir bedeutet"* und/oder *„Ich will mich als besonders großzügig beweisen"*. Wenn es Ihnen gelingt, an diese wahren Kaufgründe anzuknüpfen (und zwar dezent, d.h. nicht zu offensichtlich, denn niemand fühlt sich gerne komplett durchschaut), haben Sie schon fast gewonnen.

Analyse des Informationsbedarfs

Im Gespräch mit dem Kunden können Sie sukzessive herausfinden, wie viele Informationen er benötigt, um seine Kaufentscheidung zu treffen. Werden Sie hellhörig, wenn er viele sachliche Fragen, z.B. nach der Qualität und der Herkunft des Produktes, nach Garantien, Testergebnissen oder sonstigen Qualitätsnachweisen stellt. Dieser Kunde hat offensichtlich ein hohes aktives Informationsinteresse. Geben

Sie ihm alle Informationen, die er braucht. Bereiten Sie sich vor und halten Sie ergänzendes Informationsmaterial bereit. Geben Sie das Material aber nicht einfach mit, sondern setzen Sie das Gespräch anhand der Unterlagen fort. Bei hoch involvierten Kunden gilt: *„The more you tell, the more you sell!"*

Kunden mit geringem Informationsinteresse erkennen Sie daran, dass diese nur wenige sachliche Produktinformationen haben wollen. Einige Schlüsselinformationen (z.B. über den Hersteller sowie der genaue Preis) reichen als Sachinformation aus. Viel wichtiger ist solchen Kunden das Produkterlebnis. Ermöglichen Sie ihnen, das Produkt anzufassen, es auszuprobieren oder es in einer konkreten Anwendungssituation zu sehen (auch wenn dies nur mittels Fotos aus einem Katalog oder Magazin realisierbar ist). Solche Kunden interessiert ferner, was Sie als Verkäufer von dem Produkt halten, d.h., wie Sie es persönlich finden, und auch, wie es bei anderen Kunden ankommt.

Stufe 3: Kundenberatung

Gut beraten und erfolgreich verkaufen können Sie nur, wenn Sie die richtigen Botschaften über geeignete Codes an Ihr Gegenüber senden. Die richtigen Botschaften ergeben sich aus der Kundenanalyse. Sie wissen jetzt, was Ihr Kunde will und wie viele Informationen er benötigt. Genau wie in der Werbung müssen Sie sich nun zwischen einer sachlich-informativen Argumentation oder einer emotionalen Ansprache des Kunden entscheiden (vgl. dazu auch Kap. 5.1).

Hat der Kunde einen hohen Bedarf an sachlichen Informationen, sollten Sie einen informativen Beratungsstil wählen. Zählen Sie ihm alle guten Gründe auf, die für das Produkt sprechen. Liefern Sie ihm Begründungen und Beweise, die Ihre Argumente untermauern.

Hat Ihr Kunde dagegen ein eher geringes Informationsinteresse und reagiert er zudem emotional (er will das Produkt anfassen, er stellt es auf einen Tisch, um seine Wirkung zu begutachten, er fragt seinen Partner, wie ihm das Produkt gefällt etc.), sollten Sie stärker mit Erlebnistechniken arbeiten. Im Verkaufsgespräch bedeutet dies: Vermitteln Sie dem Kunden eine möglichst bildhafte Vorstellung davon, wie das Produkt wirkt, was es bei anderen bewirkt und wie andere (zufriedene) Kunden sich damit fühlen. Wählen Sie die zu Ihrer Strategie passenden verbalen Codes.

Wenn Sie Emotionen wecken wollen, dürfen Sie nicht zu abstrakt reden. Sagen Sie dem Kunden lieber: *„Das Produkt ist ein Traum"*, statt: *„Das Produkt ist qualitativ hochwertig"*. Die erste Aussage weckt Begehrlichkeit, denn sie impliziert: *„Alle – auch ich, der Verkäufer – möchten das Produkt gerne haben!"*, die zweite Aussage ist eine reine Feststellung, die lediglich das rationale Kaufmotiv nach einer hohen Qualität bedient. Denken Sie stets daran: Hinter jedem rationalen Kaufwunsch steckt letztlich immer ein emotionales Handlungsmotiv. Ein gewisses Maß an Emotionalität ist daher im Verkauf genauso unverzichtbar wie in der Werbung.

Stufe 4: Einwandbehandlung – Änderung verkaufshinderlicher Denkmuster

Einwände des Kunden entstehen durch eine (vielleicht unbegründete, vielleicht auch berechtigte) Bewertung des Produktes vor dem Hintergrund bereits bestehender Denkmuster. Diese Denkmuster müssen verändert oder ergänzt werden, damit sich der Kunde für das Produkt entscheiden kann. Sie können es zunächst mit sachlichen Argumenten versuchen.

Führen diese nicht zum Erfolg, sollten Sie nach den Prinzipien des Modelllernens und des Lernens durch (eigene) Einsicht vorgehen, also z.B.:

- (bekannte oder bedeutsame) Referenzkunden anführen
- Erfolgsbeispiele erläutern/zeigen
- Anwendungsbeispiele demonstrieren (z.B. anhand von Prospekten oder Demofilmen)
- das Produkt, seine Handhabung selbst demonstrieren

- einen weiteren Fürsprecher einbeziehen (z.B. einen zusätzlichen Verkäufer, einen Produktexperten oder einen anderen Kunden)
- die Möglichkeit geben, das Produkt direkt selbst zu erleben bzw. zu testen

**Stufe 5: Behandlung von Unentschlossenheit –
Einsatz von Handlungsverstärkern**

Als Handlungsverstärker kommen grundsätzlich die gleichen Mechanismen wie bei der klassischen Werbung in Betracht (vgl. dazu Kapitel 5.2), insbesondere
- Rabatte,
- Zugaben,
- Hinweis auf limitierte Angebote,
- die Aufnahme in einen „Vorteilsclub" oder eine ähnliche Vorzugsbehandlung als Kunde.

Wenn Sie es im Verlauf des Beratungsgesprächs geschafft haben, eine starke Begehrlichkeit in Bezug auf das Produkt aufzubauen, können Sie gegebenenfalls auf Handlungsverstärker, insbesondere Preisnachlässe, komplett verzichten. Die Ergründung der „wahren Kaufgründe" und die darauf abgestimmte (dezente, d.h. nicht zu offensichtliche) emotionale Ansprache des Kunden ist ein sehr effektiver Weg aus der ruinösen Rabattschlacht vieler Unternehmen.

6.4 Werbepsychologie in Konfliktsituationen

Das Streben nach einer Konfliktlösung ist vergleichbar mit einer Werbung für Ihr ganz persönliches Anliegen. Die Herausforderung ist jedoch ungleich größer als in einer normalen Werbesituation: Ihr Gegenüber ist nicht offen für Ihre Argumente, sondern will definitiv nicht so wie Sie. Er verfügt über Denk- und Handlungsmuster, die Ihrem Vorhaben entgegenstehen. Wenn Sie keine hierarchische Lösung anstreben (d.h. Ausübung von Autorität), müssen Sie diese

Schemata im positiven Sinne „aufbrechen", um letztlich eine diplomatische Lösung herbeizuführen. Dies kann auf unterschiedlichen Wegen erfolgen:

- ◆ Konfliktlösung durch Präsentation von Fakten
  - Argumente *für* die Vorteilhaftigkeit der gewünschten Haltung (Pro-Argumentation)
  - Argumente *gegen* die Vorteilhaftigkeit der konfliktverursachenden Haltung (Achtung: Hier droht im Vergleich zur „Pro-Argumentation" Widerstand, da sich Ihr Gesprächspartner angegriffen fühlen kann.)
- ◆ Konfliktlösung durch Erläuterung eines „Erfolgsmodells" (Prinzip: Lernen am Modell, vgl. Kap. 4.5)
- ◆ Konfliktlösung durch Ermöglichung eigener Erfahrungen/Einsichten (Prinzip: Lernen durch Einsicht, vgl. Kap. 4.5)
  - Entwicklung völlig neuer Lösungsalternativen
  - Vorgabe möglicher Lösungen

Die nachhaltigste Wirkung kann hier durch das Prinzip des „Lernens durch Einsicht" erzielt werden. Die Entwicklung einer ganz neuen Lösung ist jedoch – gerade in drängenden Konfliktsituationen – sehr mühselig.
Eine Abkürzung des Problemlösungsprozesses stellt folgende Methode dar:

In kleinen Schritten zum Konsens

Ziel ist eine schrittweise Annäherung an den Konfliktpartner, der letztlich motiviert werden soll, eine geeignete Konfliktlösung mitzuentwickeln und mitzutragen. Allerdings wartet man nicht darauf, bis der Konfliktpartner selbst auf eine Lösung kommt, sondern gibt ihm mögliche Handlungsalternativen in Form von *„Was wäre, wenn"*-Fragen vor.
In verhärteten Konfliktsituationen muss die Bereitschaft, über mögliche Lösungsalternativen überhaupt nachzuden-

ken, beim Konfliktpartner meist erst schrittweise aufgebaut werden. Dies gelingt am einfachsten über gezielte Fragen, die er bedenkenlos mit „Ja" beantworten kann.

Es ist ein psychologisches Phänomen, dass eine häppchenweise Zustimmung zu unkritischen Fragen letztlich auch die Kompromissbereitschaft bezüglich des eigentlichen Streitthemas erhöht. Wer bereits mehrfach „Ja" zu Ihnen gesagt hat, dem fällt es im Verlauf des Gesprächs immer schwerer, ein klares „Nein" anzubringen.

Versuchen Sie in allen kritischen Kommunikationssituationen „in kleinen Schritten" vorzugehen. Geduld zahlt sich aus. Sie werden damit letztlich schneller zum Ziel kommen, als wenn Sie das Kernproblem frontal angehen.

6.5 Allgemeine Empfehlungen

Auch in allen anderen Kommunikationssituationen können Sie die häufigsten „Fallstricke der Kommunikation" mit den Techniken der Werbepsychologie umgehen, wenn Sie folgende Tipps beherzigen:

„Umwerben" Sie Ihren Kommunikationspartner

- Hinterfragen Sie die Motivation Ihres Kommunikationspartners (des Empfängers Ihrer Botschaft): Was interessiert, mobilisiert, bewegt ihn wirklich? Was erwartet er/sie von Ihnen?
- Sie müssen als Sender akzeptiert werden.
- Ihre Botschaft muss für Ihr Gegenüber relevant, die Codierung der Botschaft (d.h. die Art und Weise, wie Sie die Botschaft vermitteln) verständlich und interessant sein.
- Der Kommunikationskanal, den Sie wählen, sollte für die Kommunikation mit Ihrem Gegenüber gut geeignet sein.

Auf den Punkt gebracht
Zielgerichtete Kommunikation als Werbung für das eigene Anliegen verstehen

- Die Erkenntnisse der Werbepsychologie lassen sich für den kommunikativen Erfolg im Alltag, bei Präsentationen, in Seminaren, Verkaufs- und Beratungsgesprächen und in Konfliktsituationen einsetzen.

- Vergewissern Sie sich, dass Sie und Ihr Gegenüber auf der gleichen Wellenlänge miteinander interagieren und dass er Sie als „Sender" grundsätzlich anerkennt.

- Versuchen Sie, nach Möglichkeit die wahren Beweggründe Ihres Gegenübers zu ermitteln (die ihm vielleicht nicht einmal selbst bewusst sind) und Ihr Vorgehen darauf aufzubauen.

- Je nachdem, ob Ihr Gegenüber sachlich aufgeschlossen und informiert wirkt oder ein eher diffuses Informationsinteresse zeigt, agieren Sie im Rahmen rationaler Argumente oder versuchen Sie, alternativ auf emotionaler Ebene zu arbeiten.

- Setzen Sie je nach Situation Glaubwürdigkeitsverstärker, Verständnishilfen, Erlebnistechniken, emotionale Appelle und Lernhilfen ein, um Ihre Kommunikationsziele zu erreichen.

Literaturhinweise

Felser, G.: Werbe- und Konsumentenpsychologie. 2001
Florack, A./Scarabis, M.: Subtile Mächte. in: Gehirn & Geist, Dossier 1/2005
Häusel, Hans-Georg (Hrsg.): Neuromarketing. 2007
Häusel, Hans-Georg: Brain Script. 2004
Kast, B.: Revolution im Kopf. 2003
Naccache, N./Dehaene, S.: An der Schwelle des Bewusstseins. in: Spektrum der Wissenschaft, Dossier 2/2006
Raab, Gerhard/Unger, Fritz: Marktpsychologie. 2005
Schreier, Christian/Held, Dirk: Wie Werbung wirkt. 2007
Zimbardo, Philip G./Gerrig, Richard J.: Psychologie. 2004

Nützliche Weblinks

- www.gehirn-und-geist.de
- www.werbepsychologie-online.de
- www.psychologie-heute.de

Stichwortverzeichnis

Aktivierung 34
Anzeige 68
Appell 84 ff.
Aufmerksamkeitslenkung 81
Aufmerksamkeitsverstärker 31, 76 ff.
Bedeutungszuweisung, spontane 36
Bedürfnishierarchie 53
Beeinflussungstechnik 76 ff.
Bewertungsschema 37
Bewusstsein 17
Bildinformation 33
Bildmotiv 23
Botschaft 8
Code 8
Coupon 93
Denkmuster, verkaufshinderliches 120
Dramaturgie 104
Einwandbehandlung 120
Empfänger 8
Erlebnis, inneres 39
Erlebnistechnik 84 ff.
Eye-Catcher 34
Gedächtnis 41
Gehirn 28
Glaubwürdigkeitsverstärker 88 f.
Handeln, automatisch-intuitives 18
Handlungsmotivation 55
Handlungsschema 36
Handlungsverstärker 92
Infomercial 69
Information Overload 15 ff.
Informationsverarbeitung 35
Informationsverarbeitungsprozess, unbewusster 28
Involvement 16, Low 22
Kaufbeschleuniger 96
Kaufentscheidung 62
Kaufmotiv 115 f.
Kaufmotivation 55
Kaufverhalten 61
Kernbotschaft 109
Kommunikation, nonverbale 21 ff.
Kommunikationskanal 10
Kommunikationsmodell 7
Kommunikationssituation, schwierige 12 f.
Konditionierung 47 f.
Konflikt 121 ff.
Kundenanalyse 115
Lernen 46 ff.
Lernhilfe 91
Lifestyle-Szene 74
Merkhilfe 89
Motiv, inneres 52 ff.
Neuromarketing 56
Präsentation 103 ff.
Preis 95
Reiz, starker 31; schwacher 31; unterschwelliger 26
Reizüberflutung 15
Reptiliengehirn 19
Rolle, soziale 59
Seminar 110 ff.
Sender 8
Slice-of-Life-Szene 74
Sprache, abstrakte 43; bildhafte 43
Stimmungsbild 73
Story Telling 71, 106
Subliminal 26
Text 24
Traumwelt-Szene 74
Vergessen 44
Verkaufsgespräch 112 ff.
Verständnishilfe 92
Wahrnehmung, selektive 16, 30 ff.
Werbebrief 70
Werbestrategie 66 ff.
Werbetechnik 66 ff.
Werbung, differenzierende 38; informative 67 ff.; emotionale 73 ff.
Wert 59

Strategiewechsel.

Immer mehr muss gelesen werden. Die Textflut bewältigen kann nur, wem es gelingt, den relevanten Lesestoff herauszufiltern und die wichtigen Informationen dauerhaft aufzunehmen. Hier finden Sie Tipps und Übungen sowie Strategien zur Steigerung der Aufnahmefähigkeit und Konzentration.

Matthias Böhme
Rationell lesen
128 Seiten, kartoniert
ISBN 978-**3-589-21968-1**

Weitere Informationen zu POCKET BUSINESS sowie zu POCKET RECHT erhalten Sie im Buchhandel oder unter **www.cornelsen.de/berufskompetenz**

Cornelsen Verlag
14328 Berlin
www.cornelsen.de

Cornelsen

Pocket Business Training – macht den Meister.

Gezielt und praxisnah Wissen aneignen und Fähigkeiten trainieren:
So bleiben Sie auf Erfolgskurs.

Assessment Center
ISBN 978-3-589-23844-6

Bewerbungstraining
ISBN 978-3-589-23834-7

E-Mailing in English
ISBN 978-3-589-23489-9

Gedächtnistraining
ISBN 978-3-589-21965-0

Informationsverarbeitung und Lernen
ISBN 978-3-589-23824-8

Meetings in English
ISBN 978-3-589-23479-0

Presenting in English
ISBN 978-3-589-23469-1

Rhetorik
ISBN 978-3-589-23884-2

Small Talk
ISBN 978-3-589-23894-1

Telephoning in English
ISBN 978-3-589-23499-8

Verkaufen
ISBN 978-3-589-23815-6

Weitere Informationen zu POCKET RECHT sowie zu
POCKET BUSINESS erhalten Sie im Buchhandel
oder unter www.cornelsen.de/berufskompetenz

Cornelsen Verlag
14328 Berlin
www.cornelsen.de

Cornelsen